AI와 예술

AI문고

인공지능 시대입니다. 기계가 인간의 인지를 대신하고, 사물이 인간을 통하지 않고 다른 사물과 직접 커뮤니케이션합니다. 이에 따른 인간 삶과 문명 변화를 정확히 이해·예측·대응하는 것은 이 시대 우리 모두의 과제입니다. AI문고는 인공지능 기술과 환경의 여러 주제를 10가지 키워드로 정리합니다. 관련 개념과 이론, 학계와 산업계의 쟁점, 우리 일상의 변화를 다룹니다. 인간과 기술의 현재, 미래를 세심히 분석합니다.

일러두기

- 인명, 작품명, 저서명, 개념어 등은 한글과 함께 괄호 안에 해당 국가의 원어를 병기했습니다.
- 외래어 표기는 현행 어문규정의 외래어표기법을 따랐습니다. 다만 '딥러닝', '딥마인드', '딥페이크' 등은 관행을 따랐습니다.
- 저자의 작품은 QR 코드를 사용해 삽입했습니다. 스마트폰 카메라로 QR 코드를 촬영해 링크에 접속하시면 작품을 감상하실 수 있습니다.

처음이세요?

전문가세요?

AI와 예술

강보현

대한민국, 서울, 커뮤니케이션북스, 2024

AI와 예술

지은이 강보현
펴낸이 박영률

초판 1쇄 펴낸날 2024년 9월 13일

커뮤니케이션북스(주)
출판 등록 2007년 8월 17일 제313-2007-000166호
02880 서울시 성북구 성북로 5-11
전화(02) 7474 001, 팩스(02) 736 5047
commbooks@commbooks.com
www.commbooks.com

ISBN 979-11-288-9558-6 03500

책값은 뒤표지에 표시되어 있습니다.

차례

생성형 AI 예술

이미지, 텍스트, 비디오 등 새로운 콘텐츠를 생성하는 생성형 AI 기술을 사용해서 만든 콘텐츠는 사람의 창작물과 시각적으로 비교될 정도로 품질이 발전했다. 실제로 2022 콜로라도 주립 박람회 주최 미술 대회, 2023 소니 월드 포토그래피 어워드 등의 대회에서 이미지 생성형 AI로 생성한 이미지가 수상하며 예술 영역에 큰 화두를 던지기도 했다. 예술 모방론의 무의식적 작동은, AI가 만들어 내는 외견상 그럴듯한 예술 작품들의 본질적 알고리즘이 폭넓은 의미로서의 '모방'이라는 점을 사람들이 간파한 이후에도, AI가 창조한 작품이 정말 예술적 가치를 가지는지 혹은 그렇지 않은지에 관한 판단을 유보하게끔 만든다(김경화, 2024). 심지어는 그것이 예술적 가치를 지니는지를 다루는 것을 떠나 예술적으로 보이기 때문에 생성형 AI 예술이라 말한다. 무엇보다, 한국에서 생성형 AI 예술은 예술적 가치와 발전 가능성보다 예술이라는 이름을 통한 수익화에 초점이 맞춰져 있는 것처럼 보인다. 이러한 현상은 데이터의 한계에 따른 인간의 창의력 제한, 예술의 콘텐츠화의 가속화로 이어질 가능성이 있다. 책의 서문과 본문에서 생성형 AI 예술을 사용하고 있지만, 생성형 AI 산출물의 예술적 가치가 불명확한 현시점에서 AI 산출물에 예술이라는 단어를 사용하는 것은 시기상조일지도 모른다.

AI와 생성형 AI의 이해

생성형 AI는 최근 몇 년 동안 빠르게 발전하면서 다양한 산업 분야에 영향을 미치고 있다. 이전의 AI와 다르게 생성형 AI는 우리의 일상에 직접적인 영향을 주고 있다. 이미지를 생성하는 이미지 생성형 AI는 디자인 업무에 적용되어 업무 효율을 향상하거나 작업 과정을 변화시키기도 한다. 언어 생성 모델을 사용해 과제, 문서 작성 등을 대신하기도 한다. 일반인들도 쉽게 접근해 사용할 수 있는 생성형 AI의 등장으로 인해 AI와 생성형 AI에 대한 이해를 바탕으로 기술을 잘 사용하는 것이 앞으로의 현대 사회에서 필요한 능력 중 하나다. 1장 생성형 AI는 생성형 AI의 개념, 역사, 다양한 활용 분야, 사회적, 윤리적 측면을 포괄적으로 다루어 생성형 AI에 대한 기초적인 이해를 제공한다. 머신러닝, 딥러닝, AI, 생성형 AI 등 유사하지만 헷갈리는 용어들을 발전 과정과 함께 설명해 독자들이 생성형 AI 개념을 명확히 정리할 수 있게 했다. 언어, 이미지, 음악, 영상 등 다양한 분야의 대표적인 생성형 AI와 활용 사례를 제시함으로써 생성형 AI의 중요성과 사회에서 어떻게 활용되고 있는지 이해할 수 있도록 했다. 또한 생성형 AI 기술의 빠른 발전이 불러올 수 있는 사회적 문제를 미리 인지하고, 책임감 있는 사용과 법적, 윤리적 구조 발전의 중요성을 강조해 생성형 AI 기술 미래의 긍정적인 변화를 만들어 나갈 것을 기대하게 한다. 2장 이미지 생성형 AI의 원리는 이미지 생성형 AI 기술에 대한 깊이 있는 이해를 통해 뒤에서 이어질 생성형 AI 산출물에 대한 예술적 논의에 독자들이 자신의 생각을 정리하는 데 도움을 주기 위해 작성했다. 이미지 생성 모델의 주요 알고리즘 GAN(Generative Adversarial Networks)과 확산(Diffusion)의 상세한 설명을 시작으로, 대표적인 이미지 생성 모델 달리(DALL · E)와 스테이블 디퓨전(Stable Diffusion)의 작동 원리와 특징을 설명해 기술에 대한 보다 깊이 있는 이해를 돕는다.

프롬프트의 이해

생성형 AI를 사용하는 가장 널리 알려진 방법은 텍스트 데이터, 즉 프롬프트를 입력해 결과를 출력하는 것이다.

프롬프트를 어떻게 입력하는지에 따라 생성되는 결과물은 큰 차이를 보인다. 생성형 AI를 사용해 원하는 결과물을 얻기 위해서는 프롬프트를 잘 작성해야 하는 것이다. 이처럼 프롬프트를 잘 작성하는 과정을 프롬프트 엔지니어링이라고 부른다. 프롬프트 엔지니어링에는 사용자의 의도 반영이라는 관점으로 접근하는 것이 중요하다. 생성형 AI가 결과물을 만드는 과정에 기여하는 가장 쉬운 방법이 프롬프트 엔지니어링이기 때문이다. 3장 프롬프트 엔지니어링에서는 프롬프트의 정의와 언어 모델에서의 프롬프트 엔지니어링 방법을 구체적으로 기술해 대표적인 생성형 AI인 챗지피티(ChatGPT)를 사용하는 데 도움을 주기 위해 노력했다. 4장 이미지 생성형 AI 프롬프트 엔지니어링은 이미지 생성 AI 모델에서의 프롬프트에 대한 정의와 프롬프트 엔지니어링 방법을 기술했다. 특히 품질을 높이는 것을 목표하는 이전 모델의 프롬프트 엔지니어링 방식에서 기본적으로 높은 품질을 생성하는 현재 모델은 이미지에 대한 구체적인 설명을 목표로 해야 한다는 점을 강조하며 최대한 구체적으로 이미지를 설명하는 방법에 대해 상세하게 서술했다. 루트비히 비트겐슈타인(Ludwig Wittgenstein)의 전기 철학인 그림 이론과 후기 철학 게임 이론을 비교하며 7장 프롬프트의 잠재력과 한계를 다루어 프롬프트, 프롬프트 엔지니어링에 대한 기본적인 이해, 창작적 기여도, 잠재력과 한계까지 깊이 있는 설명을 할 수 있도록 노력을 다했다.

생성형 AI의 창의성

생성형 AI가 만들어 낸 결과물을 시각적으로 본다면 숙련된 인간 창작자의 결과물과 비교했을 때 그에 견줄 수 있을 만큼 굉장히 뛰어나다. 실제로 여러 대회에서 생성형 AI를 사용해 만든 이미지가 수상을 하며 예술계에 화두를 던지기도 했다. 다만 시각적으로는 그러할 수 있으나 생성형 AI가 만든 결과물이 창의적인지, 그것이 예술적 가치가 있는지에 대해 결과물의 품질과 별개로 깊이 있게 생각해 볼 필요가 있다. 프롬프트를 통한 창작의 기여가 인간의 창의성을 반영할 수 있는지, 생성된 결과물을 선택하는 과정이 창의적인지 등 여러 측면에서 살펴봐야 한다. 5장 이미지 생성형 AI 창작 경험에서는 프롬프트 이외의 창작 방식과 그러한 방식을 활용해 창작했던 필자의 직접적인 경험을 공유했다. 6장 예술로서의 생성형 AI는 생성형 AI의 예술적 가치에 대해 독자들에게 최대한 중립적으로 전달할 수 있도록 서술했다. 8장 이미지 생성형 AI 창작물의 예술적 가치에서는 마르셀 뒤샹(Marcel Duchamp)의 작품 〈샘〉과 선택이라는 개념과 생성형 AI가 만들어 낸 결과물 중 하나를 선택하는 과정을 비교해 창의적 선택이란 무엇인가에 대해 서술한다. 9장 이미지 생성형 AI 작품들에서는 인간이 만든 사상과 감정이 담긴 창작물이라는 전제하에 저작권 등록을 진행했던 과정을 통해 생성형 AI를 활용해 만든 작품의 저작권의 한계와 편집 저작물로 등록된 필자의 작품들을 소개하며 생성형 AI 산출물에 대한 예술적 가치에 대한 논의에서 생성형 AI를 도구로 하는 예술의 전환으로 생성형 AI 예술에 대한 새로운 방향성 제시를 시작한다. 마지막 10장 이미지 생성형 AI 예술의 발전에서는 현재의 생성형 AI 예술에 대해 서술하고 생성형 AI를 도구로 하는 예술의 전환을 강조하며 필자가 작업한 생성형 AI 작품들을 소개했다.

참고문헌

김경화(2024). AI 시대, 예술적 창조와 미적 감수성에 관한 재해석 그리고 예술교육에의 소고. ≪한국예술연구≫, 44, 295-315쪽.

서은선(2023). AI 예술의 예술적 가치 연구: 보리스 엘닥슨의 AI 생성 작품 중심으로. ≪기초조형학연구≫, 24(5), 211-224쪽.

이나라(2022). 인공지능(AI) 창작 작품, 콜로라도 주립 미술대회에서 최종 우승. ≪저작권 동향≫, 17. 한국저작권위원회.
https://www.copyright.or.kr/information-materials/trend/the-copyright/viewPress.do?brdctsno=51194
폴 글린(2023). 국제사진 대회 수상작 작가는 왜 AI 이미지를 제출했을까? BBC NEWS 코리아,
https://www.bbc.com/korean/articles/c72487e83y8o

01
생성형 AI

생성형 AI는 언어, 이미지, 음악, 영상 등 다양한 형태로 활용된다. 이 기술은 과거 데이터 분석 및 예측에 한정된 기존 AI와 다르게 창의적인 콘텐츠를 만들며, 전문가뿐 아니라 일반인들도 창작에 접근할 수 있게 한다. 2022년 챗지피티 출시 이후 큰 주목을 받았으며, 예술과 엔터테인먼트 등 다방면에서 활용되고 있다. 그러나 저작권 침해, 정보 오도 등 윤리적 문제도 발생하고 있어, 이에 대한 규제와 사회적 대화가 필요하다. 이 기술의 미래는 책임감 있는 사용과 법적, 윤리적 구조 발전에 달려 있다.

AI와 1인 창업?

생성형 AI 소개

생성형 AI(Generative Artificial Intelligence)란 머신러닝을 활용해 텍스트, 비디오 및 이미지 등 기존 콘텐츠를 활용한 학습 데이터를 기반으로 유사한 콘텐츠를 새롭게 만들어 내는 AI(Artificial Intelligence) 기술을 가리키며 기존 데이터와의 비교 학습을 통해 새로운 형태의 창작물을 만들어 내는 인공지능 분야다(김영희, 2023). 머신러닝은 컴퓨터가 데이터를 통해 학습할 수 있도록 하는 알고리즘과 기술을 개발하는 분야를 말한다. 머신러닝은 데이터를 이용해 모델을 훈련시키고 , 훈련된 모델을 이용해 예측을 수행하는 지도 학습과 주어진 데이터를 기반으로 분류를 수행하는 비지도 학습(자율 학습) 그리고 주어진 환경에서 에이전트가 현재의 상태를 인식해 행동하고 이에 따른 보상으로 최적화 과정을 수행하는 강화 학습의 세 가지로 분류할 수 있다. 인간의 뇌를 형상화한 인공 뉴런을 사용하는 딥러닝도 자율 학습에 속한다(조민호, 2021). 기존의 AI는 주로 데이터를 이용해 예측하거나 분류하는 역할에 국한되었다. 이에 비해 생성형 AI는 새로운 데이터를 생성하는 능력을 갖추고 있어, 기존 AI 기술과의 주요한 차별점을 제시한다. 과거 AI 기술은 전문적인 지식이 필요한 분야로 인식되었으며, 일반 대중이 접근하기 어려웠다. 그러나 2022년 11월 30일 일상생활에서 전문적인 지식 없이 사용할 수 있는 언어 생성형 AI인 오픈AI(OpenAI)의 챗지피티가 출시되고 생성형 AI에 대한 관심이 크게 증가했다. 2022년 12월 1일 이후 3개월 동안 다양한 출처에서 데이터를 수집해 키워드 빈도를 분석한 결과 대중은 인공지능 챗지피티에 대한 관심이 많은 것으로 나왔다(고민환 외, 2023). IoT Analytics의 "What CEOs talked about" 보고서에 따르면 2023년 2분기에 실적 발표에서 생성형 AI가 CEO들이 가장 많이 언급한 주제로 꼽혔다(Philipp Wegner, 2023). 앞으로의 생활에서 한국뿐만 아니라 전 세계적으로 생성형 AI가 우리의 생활과 더욱 밀접한 관계가 될 것으로 보인다. 생성형 AI의 가장 큰 장점은 전문적인 지식이나 훈련을 받지 않은 일반인들도 높은 수준의 텍스트, 이미지, 음악, 동영상 등 다양한 형태의 데이터를 활용해 새로운 콘텐츠를 생성할 수 있다는 점이다. 이러한 기술의 발전은 기존에는 전문가들의 영역으로 여겨졌던 분야에 일반 대중이 참여할 수 있는 가능성을 열어 주었다.

생성형 AI 분야

생성형 AI 기술 분야는 기존 데이터와의 비교 학습을 통해 새로운 형태의 창작물을 만들어 내는 분야다(김영희, 2023). 생성형 AI 기술은 생성되는 창작물에 따라 언어 생성 AI,이미지 생성 AI, 음성 생성 AI, 영상 생성 AI로 나눌 수 있다.

언어 생성 AI는 자연어 처리(Natural Language Processing, NLP)를 활용해 언어의 뉘앙스와 문맥을 이해하고, 사용자의 요구에 따라 텍스트를 생성한다. 대표적인 언어 생성 AI 모델로 오픈AI의 챗지피티, 마이크로스포트(MS)의 코파일럿(Copilot), 구글(Google)의 제미나이(Gemini) 등이 있다. 언어 생성 AI는 소설, 시나리오, 뉴스, 기사 등 다양한 작문 분야에 활용된다. 2023년 2월 출판된 『삶의 목적을 찾는 45가지 방법』은 챗지피티가 생성한 텍스트로만 구성되어 있으며, 카이스트(KAIST)의 김대식 교수는 챗지피티와의 대화를 바탕으로 한 『챗GPT에게 묻는 인류의 미래』를 출간했다.

이미지 생성 AI는 사용자의 요청에 따라 다양한 이미지를 생성한다. 대표적인 이미지 생성 모델로는 미드저니(Midjourney)의 미드저니, 스터빌리티(Stability)의 스테이블 디퓨전, 오픈AI의 달리 등이 있다. 2022년 8월 29

일, 미국 콜로라도 주립 박람회에서 주최한 미술 대회(Colorado State Fair Fine Arts Competition)의 디지털 아트 부문에서 미드저니로 생성한 이미지 〈스페이스 오페라 극장(Théâtre D'opéra Spatial)〉이 1등 상을 수상했다는 글이 인터넷 커뮤니티인 디스코드(Discord)에 올라왔다(이나라, 2022). 생성형 AI가 생성한 이미지가 미술 대회에서 우승을 차지한 사건은 인공지능이 예술 창조성에서 인간과 경쟁할 수 있는 수준에 이르렀음을 보여 주며, 예술계에 새로운 화두를 던졌다. 2017년 한국고용정보원의 기술 변화에 따른 일자리 영향 연구에서 인공지능-로봇에 의한 대체 가능성이 낮은 직업으로 화가와 조각가가 1위를 차지했던 것과는 대조적으로, 불과 5년 후에 나타난 이러한 현상은 인공지능 기술의 급격한 발전을 보여 준다.

음악 생성 AI는 다양한 음악 장르를 분석하고 학습해 새로운 멜로디나 곡을 작곡한다. 예를 들어 사용자가 특정 장르나 분위기를 입력하면, AI가 이를 바탕으로 곡을 생성한다. 대표적인 음악 생성 AI 모델로는 메타(Meta)의 오디오 크래프트(AudioCraft), 뉴튠의 믹스오디오(Mix.audio), 수노(Suno)의 수노 AI 등이 있다. 뉴튠의 믹스오디오는 생성할 음악에 대한 텍스트 설명이 아닌 이미지 또는 오디오 파일을 넣어서 새로운 배경 음악을 생성하는 기능을 제공한다.

영상 생성 AI 모델로는 런웨이(Runway)의 Gen-2, 피카 랩(PIKA LAB)의 피카(Pika), 스터빌리티의 스테이블 비디오(Stable Video) 등이 대표적이며, 사용자의 요구에 따라 영상을 제작한다. 일반인 사용자도 이 기술을 활용하면 복잡한 촬영 과정 없이도 영상 콘텐츠를 쉽게 제작할 수 있다. 2023년 10월 제5회 창원 국제 민주 영화제에서 AI를 사용해 만든 영화 〈AI 수로 부인〉이 상영되었다. 생성형 AI 분야의 각 사례들은 생성형 AI 기술이 얼마나 다양하고 일상생활에서 잘 활용될 수 있는지를 보여 준다. 생성형 AI 기술은 전문가가 아닌 일반 대중에게 창작의 기회를 제공하고 있으며, 우리 생활에 점점 자리를 잡아 가고 있다. 2022년 11월 30일 생성형 AI 챗지피티가 공개된 이후로 기술은 매우 빠른 속도로 발전하고 있다. 언어 생성, 이미지 생성을 넘어 음성과 영상 생성까지 6개월도 걸리지 않았다.

'야누스의 얼굴' 생성형 AI

생성형 AI는 예술, 엔터테인먼트, 광고, 교육 등 다양한 분야에 점점 더 폭넓게 활용되고 있다. 이 기술은 매우 빠르게 발전하고 있으며 활용 범위 또한 더욱 확대될 것이다. 생성형 AI는 인간의 창의성을 보완하고, 전통적인 예술과 표현 방식에 새로운 가능성을 탐색하고 있다. 그러나 이 기술의 발전은 야누스처럼 두 얼굴을 가지고 있다. 야누스는 로마 신화에서 두 얼굴을 가진 신으로, 과거와 미래를 동시에 바라볼 수 있는 상징적 인물이다. 생성형 AI 기술 역시 야누스처럼 두 가지 얼굴을 지닌다. 한편으로는 무한한 창조적 잠재력을 제공하며 다른 한편으로는 윤리적, 법적 문제를 야기할 수 있는 위험성을 내포하고 있다. 이 기술의 잠재적 부작용으로는 저작권, 지적 재산권, 창작자의 권리 침해 문제 등이 있다. 미국 대선에서 AI로 특정 지지자의 이미지를 생성하거나, 딥페이크 기술을 사용해 연예인을 대상으로 한 음란물을 제작하는 등, AI가 생성한 콘텐츠는 현실과 가상의 경계를 흐리며 오도된 정보를 전달하는 사례를 발생시키기도 한다. 2024년 현재, 생성형 AI는 중대한 전환점에 서 있다. 이 기술을 올바르게 활용하고 발전시키기 위해, 연구, 규제 개발, 사회적 대화가 필요하다. 생성형 AI가 가져올 긍정적인 변화를 촉진하는 동시에 부작용을 최소화하기 위한 논의가 절실하다. 이를 통해 안전하고 책임감 있는 방식으로 AI와 함께 공존하는 미래를 만들어

가야 한다. 결국, 생성형 AI의 미래는 기술의 발전과 함께 사회적, 윤리적, 법적 구조의 발전에 달려 있다. 이러한 구조가 잘 구축될 때, 우리 일상을 풍부하게 만드는 생성형 AI의 얼굴을 볼 수 있을 것이다. 변화의 중심에서, 우리는 책임감 있는 방향으로 생성형 AI의 미래를 견인해야 한다.

참고문헌

고민환 외(2023). 텍스트 마이닝 분석을 통한 한국 대중의 ChatGPT에 대한 인식 탐색에 대한 연구. ≪한국콘텐츠학회논문지≫, 23(4), 1-13쪽.

김대식, ChatGPT(2023). 『챗GPT에게 묻는 인류의 미래』. 동아시아.

김영희(2023). 생성형 인공지능(Generative AI) 산업 현황 보고서. 한국저작권위원회. https://www.copyright.or.kr/information-materials/trend/the-copyright/viewPress.do?brdctsno=51810

나리 킴, 최정민(2021.3.12). 딥페이크: 세계 1위 K팝 아이돌, AI 포르노도 1위? BBC NEWS 코리아, https://www.bbc.com/korean/features-56369306

양지훈, 윤상혁(2023). ChatGPT를 넘어 생성형(Generative) AI 시대로: 미디어 · 콘텐츠 생성형 AI 서비스 사례와 경쟁력 확보 방안. ≪미디어 이슈&트렌드≫, (55), 62-70쪽.

이나라(2022). 인공지능(AI) 창작 작품, 콜로라도 주립 미술대회에서 최종 우승. ≪저작권 동향≫, 17. 한국저작권위원회. https://www.copyright.or.kr/information-materials/trend/the-copyright/viewPress.do?brdctsno=51194

조민호(2021). 인공지능의 역사, 분류 그리고 발전 방향에 관한 연구. ≪한국전자통신학회 논문지≫, 16(2), 307-312쪽.

챗GPT(2023). 『삶의 목적을 찾는 45가지 방법』. 스노우폭스북스.

마리아나 스프링(Marianna spring(2024.3.06). AI가 생성한 '가짜 이미지'로 흑인 유권자 공략하는 트럼프 지지자들. BBC NEWS 코리아, https://www.bbc.com/korean/articles/c29wl2kp7nyo

Philipp Wegner(2023.6.28). What CEOS talked about in Q2/2023: Generative AI applications, bank troubles, uncertain economy. IoT Analytics. https://iot-analytics.com/what-ceos-talked-about-q2-2023/

Sarah kuta.(2022.9.6). Art made with artificial intelligence wins at state fair. *Smithsonian magazine*, https://www.smithsonianmag.com/smart-news/artificial-intelligence-art-wins-colorado-state-fair-180980703/

02
이미지 생성형 AI의 원리

이미지 생성형 AI 기술의 원리와 주요 모델들을 설명한다. 확산 모델이 나오기 전 유명했던 GAN 모델은 서로 대립하는 두 개의 신경망이 상호 작용하며 학습하는 구조다. 확산 모델을 사용하는 대표적인 이미지 모델로는 달리와 스테이블 디퓨전이 있다. 달리는 CLIP 모델을 활용해 텍스트와 이미지 임베딩을 매칭해서 이미지를 생성하고, 스테이블 디퓨전은 잠재 공간에서 확산 과정을 통해 적은 계산 리소스만으로 이미지를 생성한다는 특징을 가진다.

AI와 MBTI?

GAN(Generative Adversarial Network)

이미지 생성 모델 중 하나인 생성적 적대 신경망(Generative Adversarial Network, GAN)은 2014년 신경 정보 처리 시스템 학회(Neural Information Processing Systems, NeurIPS)의 컨퍼런스에서 이안 굿펠로(Ian Goodfellow) 등의 "Generative Adversairal Network"라는 제목의 논문을 통해 발표되었다. GAN은 서로 대립하는 두 개의 신경망이 상호 작용하며 학습하는 구조다. GAN은 생성자(Generator)와 판별자(Discriminator) 두 부분으로 구성된다. 생성자는 임의의 잡음을 원래 데이터 세트에서 나온 것처럼 보이는 샘플로 생성하고 판별자는 샘플이 원래 데이터 세트에서 나온 것인지 판별하는 방법을 학습한다. 생성자는 위조 화폐를 만들어 탐지되지 않고 사용하려는 위조범 팀에 비유할 수 있으며, 판별 모델은 위조 화폐를 탐지하려는 경찰에 비유할 수 있다. 이 게임에서 경쟁을 통해 두 팀은 위조품과 진품을 구별할 수 없을 때까지 방법을 개선하게 된다(Goodfellow, et al., 2020). GAN의 핵심은 생성자와 판별자가 연속적인 경쟁을 통해 서로의 성능을 개선하는 것이다. 생성자는 판별자를 속이기 위해 자신의 데이터 생성 능력을 개선하고, 판별자는 생성자가 만든 가짜를 더 잘 식별하기 위해 판별 능력을 강화한다. 이러한 적대적 경쟁을 통해 생성자는 더욱 진짜 같은 데이터를 만들어 내고, 판별자는 더 정교한 판별 능력을 갖추게 된다.

확산 모델(Diffusion Model)

확산 모델은 먹물이 물에 확산되는 것과 유사한 열역학의 확산(Diffusion) 과정에서 영감을 받은 이름이다. 비평형 통계 물리학(Non-equilibrium Statistical Physics)에서 영감을 얻은 핵심 아이디어는 반복적인 순방향 확산 프로세스를 통해 데이터 분포의 구조를 체계적으로 천천히 파괴한다. 그런 다음 데이터의 구조를 복원하는 역확산 프로세스를 학습해 매우 유연하고 추적 가능한 데이터 생성 모델을 생성한다(Sohl-Dickstein, et al., 2015). 확산 확률 모델, 간결하게 확산 모델이라고도 하는 이 모델은 유한한 시간 후에 데이터와 일치하는 샘플을 생성하기 위해 변형 추론을 사용해 훈련한 매개 변수화된 마르코프 체인이다(Ho, et al., 2020). 간단히 말해, 확산 모델은 잡음이 많은 데이터에서 시작해, 점차적으로 잡음을 제거해 나가면서 데이터를 생성하는 모델이다. 이미지 생성에서 확산 모델은 먼저 정상 이미지에 점진적으로 무작위 잡음을 추가하는 정방향 확산 과정을 수행한다. 그 후, 역방향 확산 과정에서 무작위 잡음을 점진적으로 제거하며 원본 이미지로 복원한다. 이러한 과정을 통해 실제와 유사한 높은 품질의 이미지를 생성한다. 미드저니, 달리, 그리고 스테이블 디퓨전 등 대부분의 이미지 생성형 AI 모델들의 모델링 기법으로 확산 모델을 가장 많이 선택한다.

달리(DALL·E)

오픈AI에서 개발한 달리는 텍스트 프롬프트에 기반해 사용자가 원하는 이미지를 생성하는 텍스트 투 이미지 모델이다. 2021년 1월 5일 공개된 달리 모델은 1년 후 2022년 4월 두 번째 버전인 달리 2를 공개했다. 2023년 9월에는 세 번째 버전 달리 3가 출시되었고 이전 버전보다 프롬프트에 대한 이해도가 대폭 향상되었다. 세 개의 버전 중 달리 2의 구조를 설명하려 한다. 달리 2는 프롬프트를 입력받아, 텍스트 인코더(Text Encoder), 프라이어(Prior), 디코더(Decoder)을 거쳐 이미지를 생성하는 구조다. 텍스트 인코더는 입력받은 프롬프트를 임베딩 벡터로 변환하는 역할을 한다. 입력된 텍스트를 컴퓨터가 이해할 수 있는 수치 데이터로 변환한다. 인코더 모델로 오픈AI에서 만든 CLIP(Contrastive Language-Image Pre-training)이라는 기존 모델을 사용한다. CLIP은 자연어 감독을 통한 효율적인 학습 방법임을 보여 준다(Radford, et al., 2021). CLIP 모델은 대조 학습(Contrative learning) 기술을 사용해 이미지와 텍스트 설명을 매칭한다. 입력받은 프롬프트를 텍스트 임베딩으로 변환하고 이를 CLIP에 의해 미리 학습된 이미지 임베딩들과 비교한다. 대조(Contrast) 과정을 통해 수행해, 텍스트 임베딩과 가장 잘 일치하는 임베딩을 찾아낸다. CLIP에서는 한 번도 입력받은 적 없는 데이터를 사용해 제로샷 예측(Zero-shot prediction)을 수행할 수 있다. 예를 들어 특정 과일 이미지를 본 적이 없더라도, 과일에 대한 텍스트 설명을 통해 과일 이미지를 인식하고 연관시키는 것이다. CLIP으로부터 얻은 텍스트-이미지 임베딩 쌍은 확산 프라이어(Diffusion Prior)로 입력되어 훈련된다. 이때 이미지 임베딩과 잡음이 구별되지 않을 때까지 잡음을 추가한다. 생성 과정에서 잡음이 된 이미지 임베딩을 이전 단계로 점진적으로 잡음을 제거한다. 잡음을 제거할 때 입력받았던 텍스트 임베딩을 조건으로 부여할 수 있다. 디코더 부분에서는 입력받은 텍스트 프롬프트, 프라이어가 생성한 이미지 임베딩을 추가 조건으로 사용해 랜덤한 잡음을 여러 단계에 걸쳐 제거해 새로운 이미지를 생성한다. 정리하면 달리 2는 프롬프트를 입력받아 CLIP 모델을 사용해 프롬프트를 텍스트 임베딩으로 변환하고 확산 프라이어 모델을 사용해 입력받은 텍스트-이미지 쌍에 노이즈 추가 제거를 통해 이미지 임베딩을 생성한다. 마지막으로 확산 모델을 통해 이미지 임베딩과 트랜스포머 텍스트 인코딩된 프롬프트에 맞게 이미지를 생성한다. 텍스트 투 이미지 모델은 주어진 이미지에 대한 설명의 단어, 단어 순서, 의미를 종종 무시하는 문제가 발생한다. 이러한 문제는 정확하고 구체적으로 작성된 이미지 설명에 대한 훈련을 통해 크게 향상될 수 있음을 보여 준다. 이러한 결과를 바탕으로 구축된 새로운 텍스트-이미지 생성 시스템이 달리 3다 (Betker, et al., 2023).

스테이블 디퓨전(Stable Diffusion)

스터빌리티 AI가 뮌헨 대학교(Ludwig Maximilian University of Munich), 런웨이와 협력해 2022년 8월 오픈소스로 공개한 스테이블 디퓨전 모델은 높은 수준의 이미지와 상대적으로 낮은 컴퓨터 사양을 요구한다. 스테이블 디퓨전 모델의 공개로 개인의 컴퓨터로 이미지를 생성할 수 있게 되었다. 스테이블 디퓨전은 잠재 확산 모델(Latent Diffusion Models, LDM)이라고도 불린다. 확산 모델은 이미지를 점진적으로 잡음을 제거해 가며 생성한다. 이 과정에서 고해상도의 이미지를 처리할 때 많은 계산 리소스가 소모된다. 잠재 확산 모델의 핵심은 고해상도 이미지 처리 시 필요한 계산 리소스를 줄이기 위해 확산 과정을 이미지나 데이터에서 중요한 정보만을 추려 담고 있는 잠재 공간(Latent Space)에서 수행한다는 점이다. 이 모델은 오토인코더(Autoencoder)를 사용해 잠재 공간에 인코딩하고, 이후 이 공간에서 점진적으로 잡음을 제거함으로써 최종 이미지를 생성한다. 잠재 공간에서 확산 과정을 진행해 기존 확산 모델에 비해 훨씬 적은 연산을 요구한다. 또한 잠재 확산 모델은 다양한 데이터 유형 간에 정보를 효율적으로 교환하는 교차 주의(Cross-attention) 기술을 사용해 다양한 유형의 데이터를 함께 사용해 학습하는 것이 가능하다(Rombach, et al., 2022). 스테이블 디퓨전 모델은 잠재 공간에서 확산 모델을 수행해 빠르고 낮은 계산 리소스를 사용해 이미지를 생성할 수 있다. 또한 스테이블 디퓨전 2, 스테이블 디퓨전 XL 그리고 스테이블 디퓨전 3까지 지속적으로 업데이트 모델을 출시하고 공개해 개인의 컴퓨터에서 스테이블 디퓨전 모델을 사용해 이미지를 생성하거나 특정 이미지 생성을 위한 맞춤형 모델을 훈련해 사용하는 것이 가능하다.

참고문헌

Betker, J., et al.(2023). Improving Image Generation with Better Captions.
https://cdn.openai.com/papers/dall-e-3.pdf

Goodfellow, I., et al.(2020). Generative adversarial networks. *Communications of the ACM,* 63(11), pp.139-144.

Ho, J., et al.(2020). Denoising diffusion probabilistic models. *Advances in neural information processing systems,* 33, pp.6840-6851.

Kingma, D. P., & Welling, M.(2013). Auto-encoding variational bayes. *arXiv preprint,* arXiv:1312.6114.

Radford, A., et al.(2018). Improving language understanding by generative pre-training.

Radford, A., et al.(2021). Learning transferable visual models from natural language supervision. *In International conference on machine learning,* pp.8748-8763. PMLR.

Ramesh, A., et al.(2021, July). Zero-shot text-to-image generation. *In International conference on machine learning,* pp.8821-8831. PMLR.

Ramesh, A., et al.(2022). Hierarchical text-conditional image generation with clip latents. *arXiv preprint*, arXiv:2204.06125, 1(2), 3.

Rombach, R., et al.(2022). High-resolution image synthesis with latent diffusion models. *In Proceedings of the IEEE/CVF conference on computer vision and pattern recognition*, pp.10684–10695.

Sohl–Dickstein, J., et al.(2015). Deep unsupervised learning using nonequilibrium thermodynamics. *In International conference on machine learning*, pp.2256–2265. PMLR.

Vaswani, A., et al.(2017). Attention is all you need. *Advances in neural information processing systems*, 30.

Zhu, Y., et al.(2015). Aligning books and movies: Towards story–like visual explanations by watching movies and reading books. *In Proceedings of the IEEE international conference on computer vision*, pp.19–27.

03
프롬프트 엔지니어링

프롬프트는 생성 AI 모델에 입력되는 텍스트로, 결과의 품질에 큰 영향을 미친다. 세밀한 조정을 통해 원하는 결과를 얻을 수 있는데, 이를 프롬프트 엔지니어링이라 한다. 이는 특정 작업 수행을 위해 입력을 조정하거나, 예시 입력을 통해 모델이 학습하는 방식으로 이루어진다.

AI와 난임 극복?

프롬프트(Prompt)와 중요성

프롬프트는 생성 AI 모델(Generative Artificial model)에게 사용자가 입력하는 텍스트 데이터를 말한다. 동일한 생성 AI 모델을 사용해 결과물을 생성할 때 입력한 프롬프트에 따라 출력한 결과물의 품질은 굉장히 큰 차이를 보인다. 예를 들어 언어 생성 AI 모델에게 "날씨에 대해 이야기해 봐"라고 프롬프트를 입력하면, 모델은 일반적인 날씨 정보를 생성한다. 그러나 "뉴욕의 8월 날씨에 대해 이야기해 봐"라고 입력한다면, 모델은 더 정확하고 목표 지향적인 응답을 생성한다. 프롬프트는 텍스트를 사용해 무엇이든 입력할 수 있고 무한한 가능성을 가진다. 누구나 쉽게 프롬프트를 통해 생성 AI 모델을 활용할 수 있지만 프롬프트를 잘 작성하는 것이 결과의 정확성에 크게 영향을 미친다. 프롬프트를 잘 작성하는 일은 생성 AI 모델에서 원하는 결과를 출력하기 위한 과정을 최소화하는 데 많은 도움이 된다. 의도적으로 프롬프트를 작성한다는 것은 개인의 의도를 프롬프트에 반영하고 이를 생성 AI 모델이 해석해 결과물을 생성한다는 점에서, 단순한 결과물 생성이 아닌 창작 측면에서 프롬프트를 살펴볼 수도 있다. 저작물은 표현의 방법 또는 형식의 여하를 막론하고 학문과 예술에 관한 일체의 물건으로 사람의 정신적 노력에 의해 얻어진 사상 또는 감정에 관한 창작적 표현물이다(대법원, 1979). 생성 AI 모델로부터 결과물을 얻기 위해 프롬프트를 사용하는 과정에서 원하는 결과물을 얻기 위해 프롬프트를 작성하거나 반복적으로 프롬프트를 수정하는 과정은 인간의 정신적 노력이 반영된 결과물로 볼 수 있다. 2022년 8월 미국 콜로라도 주립 박람회에서 주최한 미술 대회의 디지털 아트 부문에서 1등을 수상한 스페이스 오페라 극장(Théâtre D'opéra Spatial)을 제작한 제이슨 앨런(Jason Allen)의 모습은 인간의 정신적 노력을 보여 주는 사례 중 하나다. AI가 반복 학습을 하면 성능이 개선된다는 것을 알고 있던 제이슨 앨런은 미드저니에 수백 차례 비슷한 내용의 설명문을 입력하는 '학습 과정'을 반복해 900개 이상의 그림을 생성했다. 그중 다시 앨런이 세 편을 골라, 추가적인 포토샵 편집으로 작품을 완성해 대회에 출품했다(이나라, 2022). 앨런의 작품은 대회에서 1등상을 수상하게 되었고 생성형 AI 생성물에 대한 창작 논의를 불러일으켰다.

프롬프트의 창작성과 관련해 사진 촬영과 프롬프트의 유사한 과정을 비교해 볼 수도 있다. 사진 촬영과 AI 프롬프트의 창작 과정은 놀랍게도 유사한 점이 많다. 즉,

카메라를 직접 손으로 작동하는 것과 AI를 활용해 키보드나 다른 명령어를 입력하는 것이 크게 다르지 않다. AI 모델에 지시하는 것이라는 점에서 차이가 있다고 보기 어렵다. 사진에 대한 저작물성에 대한 논란에 따른 것처럼, 프롬프팅을 통해 생성한 결과물이 단순한 지시라는 이유로 인간의 사상과 감정이 담겨 있지 않다고 판단할 수 있는지 의문이다. 따라서 사진과 마찬가지로 생성형 AI 모델의 결과물은 인간의 사상과 감정의 창작적 표현으로 보지 않을 이유가 없다(김윤명, 2024). 생성 AI 모델을 사용하는 사용자 입장에서 프롬프트는 원하는 결과물을 얻기 위한 가장 쉬운 방법인 동시에 생성 AI 모델을 사용한 창작 과정에서 중요한 역할을 한다.

언어 모델 프롬프트 엔지니어링(Prompt Engineering)

프롬프트 엔지니어링, 또는 줄여서 프롬프팅(Prompting)은 사용자가 원하는 결과를 얻기 위해 입력을 세밀하게 조정하는 과정을 말한다(Short & short, 2023). 언어 모델 중 하나인 챗지피티를 개발한 오픈AI에서는 프롬프트 엔지니어링을 위한 여섯 가지 전략을 공개했다. 첫 번째 전략은 더 관련성 높은 답변을 얻기 위해 질의에 세부 사항을 포함하는 것이다. 예를 들어 "계산기 코드를 작성해 주세요"라고 질문하는 대신 "사칙연산 기능만 있는 계산기 코드를 파이썬으로 작성해 주세요"라고 요청함으로써 요청에 필요한 중요한 세부 사항과 맥락을 제공하는 것이다. 두 번째는 모델에게 페르소나를 채택하도록 요청하는 것이다. 페르소나는 개인의 의식과 사회적 인상을 관리하며, 동시에 개인의 진정한 본질을 감추기 위해 고안된 일종의 가면이다(Jung, 1953). 쉽게 말해 모델에게 역할 가면을 요청하는 것이다. 예를 들어, "클래식 음악에 대해 설명해 줘"라고 입력하면 모델은 정보를 나열하는 방식으로 답변할 것이다. 그러나 "장난기 많은 초등학교 음악 선생님처럼 클래식 음악에 대해 설명해 줘"라고 입력하면 모델은 해당 역할에 맞게 답변을 작성하게 된다. 세 번째 전략은 입력의 뚜렷한 부분을 명확하게 나타내기 위해 구분 기호를 사용하는 것이다. 예를 들어, 프롬프트에서 요청과 데이터를 삼중 따옴표, 섹션 제목 등의 구분 기호로 명확하게 구분한다. 네 번째는 작업을 완료하는 데 필요한 단계를 지정하는 것이다. 하나의 작업을 처리하는 데 여러 단계가 필요한 경우, 이를 명확히 지정해 요청한다. 다섯 번째는 예시를 제공하는 것이다. 텍스트로 설명하기 어려운 질문에 대해 예제를 제공해 텍스트의 스타일을 따르도록 지시할 수 있다. 여섯 번째는 출력의 원하는 길이를 지정하는 것이다. 단어, 문장, 단락, 글머리 기호 등의 수로 원하는 출력 길이를 지정해 모델에 요청할 수 있다. 이처럼 세밀하게 조정한 프롬프트를 작성하는 것이 중요하다. 프롬프트 엔지니어링 기법 중 주어진 프롬프트의 문맥에서 직접 학습하고 반응을 생성할 수 있는 기능을 문맥 내 학습이라고 이야기한다. 문맥 내 학습은 사용하는 예제의 수에 따라 제로샷(Zero-Shot), 원샷(One-Shot), 퓨샷(Few-Shot)으로 구분된다(Brown, et al., 2020). 제로샷은 단 하나의 예시도 주지 않고 모델이 작업을 수행하게 하는 경우, 원샷은 단 한 개의 예시를 사용하는 경우, 그리고 퓨샷은 소수의 예시를 사용하는 경우를 말한다. 문맥 내 학습을 이용하면 언어 모델이 이전에 수행하지 못했던 질문에 올바르게 대답하게 하거나 특정 작업을 특정 방법으로 수행하도록 명령하는 것이 가능하다. 제로샷, 원샷, 퓨샷 이외에도 퓨샷 학습의 단점을 개선하기 위한 CoT(Chain of Thought) 프롬프팅, 지식 생성(Generated knowledge) 프롬프팅 등이 있다. CoT 프롬프팅은 예제의 최종 답으로 이어지는 일련의 일관된 중간 추론 단계를 생성할 수 있는 능력을 부여한다(Wei, et al., 2022). 예를 들어, "삼각형의 내각의 합은 얼마인가?"라는 질문과 "삼각형은 세 개의 각을 가지고 있다, 각 각은 180도를 나눈다, 따라서 삼각형의 내각의 합은 180도다"와 같은 추론 과정을 함께 입력하는 것이다. 지식 생성 프롬프팅은 질문 관련 지식 상태를 생성한다(Liu, et al., 2021). 몇 개의 예시와 예시에 대한 대답을 입력해 직관적으로 해결하는 문제에 대해 논리적이고 체계적인 방법으로 해결하도록 접근하게 변환하는 것이다. 언어 모델에서 프롬프트 엔지니어링은 프롬프트를 잘 작성하는 것 외에도 프롬프트 문맥 내의 정보를 통해 모델을 학습시켜 원하는 결과를 얻기 위해 조정하는 것이 가능하다.

프롬프트 엔지니어링을 공부하는 것은 특정한 용도에 맞는 프롬프트를 단순히 외우고 사용하는 것이 아니라, 그것을 직접 작성하는 방법을 배우는 것이다. 어떤 목표에 완벽하게 부합하는 프롬프트는 존재하지 않는다. 프롬프트 모음집, 프롬프트를 찾기보다 프롬프트 엔지니어링 기법들을 통해 스스로 상황에 맞게 프롬프트를 직접 작성해서 사용하는 것이 중요하다.

참고문헌

김윤명(2024). 생성형 AI 의 프롬프트 창작에 대한 저작권법적 고찰.

≪저스티스≫, 200, 261-297쪽.
대법원 1979. 12. 28. 선고 79도1482 판결.
박상언, 강주영(2023). ChatGPT 및 거대언어모델의 추론 능력 향상을 위한 프롬프트 엔지니어링 방법론 및 연구 현황 분석. ≪지능정보연구≫, 29(4), 287-308쪽.
이나라(2022). 인공지능(AI) 창작 작품, 콜로라도 주립 미술대회에서 최종 우승. ≪저작권 동향≫, 17. 한국저작권위원회. https://www.copyright.or.kr/information-materials/trend/the-copyright/viewPress.do?brdctsno=51194
Anthropic. Prompt Engineer & Librarian. https://www.promptjobs.com/job/prompt-engineer-and-librarian-beVM7qEa
Brown, T. B., et al.(2020.7.22). Language models are few-shot learners. arXiv.org. https://arxiv.org/abs/2005.14165
Giray, L.(2023). Prompt engineering with ChatGPT: a guide for academic writers. *Annals of biomedical engineering*, 51(12), pp.2629-2633.
Jung, C. G. (1953). *Two essays on analytical psychology*. Pantheon Books.
Liu, J., et al.(2021). Generated knowledge prompting for commonsense reasoning. *arXiv preprint*, arXiv:2110.08387.
Openai. Six strategies for getting better results. https://platform.openai.com/docs/guides/prompt-engineering/six-strategies-for-getting-better-results
Short, C. E., & Short, J. C.(2023). The artificially intelligent entrepreneur: ChatGPT, prompt engineering, and entrepreneurial rhetoric creation. *Journal of Business Venturing Insights*, 19, e00388.

Wei, J., et al.(2023a.1.10). Chain-of-thought prompting elicits reasoning in large language models. *Advances in neural information processing systems*, arXiv.org. https://arxiv.org/abs/2201.11903

04
이미지 생성형 AI 프롬프트 엔지니어링

이미지 생성형 AI는 사용자의 요청에 따라 이미지를 생성하는 기술로, 예술, 광고, 마케팅 등 다양한 분야에 활용되고 있다. 가장 많이 상용하는 방식은 텍스트를 입력해 이미지를 생성하는 텍스트 투 이미지 방식이다. 프롬프트 엔지니어링은 입력하는 프롬프트를 미세 조정해 최적화해서 이미지의 품질을 높이는 것을 목표로 했다. 그러나 기술이 발전함에 따라 앞으로는 사용자의 의도를 반영하는 것을 목표로 해야 한다. 이는 저작권 인정 가능성을 높이는 데 기여할 수 있다

AI와 사주?

이미지 생성형 AI와 프롬프트

이미지 생성형 AI(Image Generative Artificial Intelligence)는 사용자의 요청에 따라 이미지를 생성하는 인공지능 기술이다. 2022년 8월 29일 미국 콜로라도 주립 박람회에서 주최한 미술 대회의 디지털 아트 부문에서 이미지 생성 모델인 미드저니가 생성한 이미지가 우승하면서 대중과 예술 분야에 큰 논란을 불러일으켰다. 이미지 생성형 AI 중 하나인 달리 활용 사례를 살펴본 결과 첫째, 달리는 디자이너와 예술가에게 상상의 이미지를 시각화해 주는 도구로서 창의적 영감의 원천으로 활용될 수 있다. 둘째, 이미지 생성 AI는 기업의 광고나 마케팅, 홍보에 적용해 상업적인 도구로 활용이 가능하다. 셋째, 다양한 분야의 디자인 산업에 이미지 생성 AI 기술을 활용하면 디자이너의 작업을 돕는 조력자로서 역할을 할 수 있다. 넷째, 이미지 생성 AI는 예술가들에게 창작을 실현하는 도구로 다양한 창의성을 실험할 기회를 제공할 수 있음을 확인했다(박하나, 2023). 이처럼 이미지 생성형 AI는 예술 영역뿐만 아니라 기업의 광고나 마케팅, 홍보에 필요한 이미지를 만들어 상업적으로 이용하는 등 일상생활까지 큰 영향을 미치고 있다. 이미지 생성형 AI를 사용하는 가장 널리 알려진 방식은 텍스트 투 이미지(Text to Image)다. 텍스트 투 이미지는 원하는 이미지에 대한 텍스트 데이터, 즉 프롬프트를 입력해 이미지를 생성하는 방식이다. 이 방식은 시각적 아트워크를 생성하는 새롭고 강력한 방법이다. 하지만 텍스트의 개방형 특성은 양날의 검과 같아서, 사용자는 무엇이든 입력할 수 있고 무한한 범위의 생성에 접근할 수 있지만, 결과 품질이 좋지 않은 경우 프롬프트를 계속해서 새롭게 작성하는 시행착오를 겪어야 한다(Liu & Chilton, 2022). 이러한 문제를 해결하기 위해 프롬프트를 미세 조정함으로써 사용자의 의도와 생성되는 이미지의 불일치를 줄이는 것이 중요하다. 이를 프롬프트 엔지니어링이라고 한다. 생성되는 이미지 품질을 높이기 위해 특정 키워드를 사용하거나 이미지 결과를 탐색하고 입력 프롬프트를 구체화할 수 있도록 도와주는 시각적 분석 시스템을 제안하는 등, 이미지 생성형 AI 프롬프트 엔지니어링을 위한 다양한 연구가 진행되었다. 판매되고 있는 대부분의 서적에서 프롬프트 엔지니어링에 대한 설명을 찾아볼 수 있다. 그러나 각 서적마다 프롬프트 엔지니어링에 대해 설명하고 있는 방법이 달라 사용자가 배움에 어려움을 겪는다. 이미지 생성형 AI 프롬프트 엔지니어링에서 가장 중요한 것은 특별한 단어나 방법 없이 사용자의 의도를 반영해 이미지를 얼마나 잘 설명할 수 있는가 하는 것이다. 이미지 생성형 AI가 발전함에 따라 이미지의 품질은 입문자와 전문가 사이에 시각적으로 큰 차이가 나지 않는다. 과거에는 특정 모델에서 동작하는 특정한 키워드가 있었지만, 모델이 업데이트되면서 대부분의 이미지 생성형 AI는 이미지 설명만으로도 높은 품질의 이미지를 생성한다. 현재 이미지 생성형 AI를 사용해 만든 이미지에 대한 저작권 등록이 불가능하다. 사용자의 기여도를 구분할 수 있는 프롬프트 기준이 분명해진다면 이미지 생성형 AI가 만든 결과물에 대한 판단이 달라질 가능성이 있다. 현행 저작권법에 따르면, 인간의 창작적 기여가 있는 경우에는 그 결과물에 대해서도 저작물성을 인정받을 가능성이 높다(김윤명, 2024).

이미지 생성형 AI 프롬프트 엔지니어링

이미지 생성형 AI가 예술 영역에 논란을 불러일으켰던 2022년 8월, 이미지 생성형 AI 모델에서의 프롬프트 엔지니어링은 이미지의 품질을 높이는 것을 목표로 했다. 생성된 이미지의 높은 품질을 위해서는 적절한 프롬프트가 필요하다. 특히 이미지 설명 전후에 특수 문구

(keywords) "trending on artstation", "highly detailed" 등을 추가하는 것이 일반적인 방법이다(Pavlichenko & Ustalov, 2023). 당시에는 특정 키워드를 입력해 이미지의 품질을 높이는 적절한 프롬프트를 찾고 적용하는 것이 프롬프트 엔지니어링이었다. 작성한 이미지에 대한 설명을 생성에 반영하는 수준이 낮아 구체적인 이미지 묘사를 통해 원하는 이미지를 얻는 것도 어려웠다. 예를 들어 설명하자면, 여러 대상과 그에 대한 구체적인 설명을 프롬프트로 입력했을 때, 현재의 이미지 생성형 AI는 프롬프트의 90%를 반영해 이미지를 생성한다면, 당시의 이미지 생성형 AI는 프롬프트의 50%를 반영해 이미지를 생성하는 것조차 어려웠다. 현재의 이미지 생성형 AI는 특정 키워드를 입력하지 않아도 높은 품질의 이미지를 생성할 수 있다. 즉, 높은 품질의 이미지를 생성하기 위해 특정 모델에만 적용되거나 전체적으로 사용되는 특별한 단어를 프롬프트에 사용할 필요가 없어졌다. 현재의 이미지 생성형 AI 프롬프트 엔지니어링은 특별한 단어나 기법을 사용하는 것이 아니라, 이미지를 얼마나 구체적으로 묘사해 사용자의 의도를 최대한 반영할 수 있는지가 중요하며, 이는 좋은 프롬프트를 작성하는 방법과 프롬프트에서 미감을 적용할 수 있는 부분에 대한 설

명으로 이어진다.

이미지 생성형 AI로 생성하는 이미지는 하나 이상의 대상을 포함해야 한다. 대상은 일반적으로 표상되는 단어다. 일반적이라는 것은 이미지 생성형 AI 모델이 학습한 데이터와 관련이 있다. 대상만 입력해 생성된 이미지는 현실의 이상을 그린 것으로 사용자의 의도를 반영했다고 보기 어렵다. 단어로 인식되지만 형태가 표상되지 않는다면 그것은 대상이 될 수 없다. 표상되지 않는 언어로 생성된 이미지는 데이터의 편향이다. 현실에 없는 것을 대상화할 수 있다면 그것은 다른 대상 또는 그 일부를 차용하거나 데이터의 편향이 적용되어 표현된다. 대상을 구체화하기 위해서는 다른 대상이 요소로 작용한다. 이미지의 구도와 전체적인 형태는 대상과 대상의 관계를 통해 설명된다. 예를 들어, 나무와 고양이가 있을 때, 나무 위에 엎드려 있는 고양이와 나무 아래에서 엎드려 있는 고양이 그림은 시점과 색상 등에서 전혀 다른 그림을 생성한다. 대상과 요소는 외적으로 꾸며지는 단어와 결합해 미감을 표현한다. 외적으로 꾸며지는 단어는 색상과 요소의 형태 등을 의미한다. 외적으로 꾸며지는 단어와 생성된 이미지의 미감의 일치는 미적 우수성을 결정한다. 분위기, 형용사를 외적으로 꾸며지는 단어로 사용할 수 있지만 그것이 사용자의 의도를 반영했다고 보기는 어렵다. 생성된 이미지를 선택하는 과정이 중요한 이유 중 하나는 이 일치성이다. 대상, 요소, 대상의 관계, 외적으로 꾸며지는 단어 중 하나 또는 그 이상에 이외의 것들을 입력해도 이미지는 만들어진다. 그러나 이것은 프롬프트가 아닌 이미지 생성 AI의 편향을 보여 준다. 프롬프트는 이 네 가지를 적절하게 결합해 만들어진 하나 또는 여러 문장이다. 하나의 문장 또는 여러 문장으로 만들어진 프롬프트를 통해 특정 이미지를 모사할 수 있을 때, 그것이 구체적인 프롬프트, 좋은 프롬프트다.

추상적인 비유를 통해 생성된 이미지 또한 사용자의 의도를 반영했다고 보기 어렵다. 죽음에 대해 "어둠이 깊게 휘몰아치고, 그림자가 모든 것을 감싸는 장면" 또는 "넓은 바다 한가운데 혼자 떠 있는 장면"으로 입력했을 때 생성된 이미지는 대상이 없으며 형태로 표상할 수 없다. 좋은 프롬프트를 작성했지만 이미지가 제대로 생성되지 않는다면, 그것이 이미지 생성형 AI의 한계다. 프롬프트로 모사된 이미지에 큰 미적 변화를 주는 단어를 스타일이라고 한다. 유화, 수채화, 굵은 펜 그림과 같은 단어가 스타일이다. 입체주의(Cubism), 야수주의(Fauvism) 등의 예술 사조와 예술가의 이름을 입력을 사용하는 것은 사용자의 의도를 반영한다고 보기 어렵다. 그것들이 프롬프트의 모사를 방해하기 때문이다. 결론적으로, 이미지 생성형 AI의 발전으로 프롬프트 엔지니어링은 단순한 품질 향상을 넘어서, 사용자의 의도를 구체적으로 반영하는 방향으로 변화해야 한다. 이러한 변화는 이미지 생성 기술의 활용도를 높이고, 이미지 생성형 AI의 결과물에 대한 저작권 물성을 인정받는 데 도움을 줄 것이다.

참고문헌

권경열(2024). 『키워드로 완성하는 AI 아트 테크닉with 미드저니, 니지저니』. 제이펍.

권동현(2024). 이미지 생성 AI의 프롬프트 요소와 적용 사례 연구: 미드저니, 스테이블 디퓨전, 파이어플라이, 달 · 이를 중심으로. ≪디지털콘텐츠학회논문지≫, 25(2), 341-354쪽,

김애영 외(2023). 『생성형 AI를 활용한 인공지능 아트』. 길벗캠퍼스.

김원석, 장한결(2023). 『된다! 생성형 AI 사진 & 이미지 만들기』. 이지스퍼블리싱.

김윤명(2024). 생성형 AI 의 프롬프트 창작에 대한 저작권법적 고찰. ≪저스티스≫, 200, 261-297쪽.

다라 외(2024). 『미드저니의 정석』. BOOKK.

박하나(2023). 이미지 생성 인공지능(AI) 달리(DALL·E)의 활용 사례 연구. ≪조형미디어학≫, 26(1), 102-110쪽.

윤석관(2024). 『된다! 미드저니』. 이지스퍼블리싱.

이나라(2022). 인공지능(AI) 창작 작품, 콜로라도 주립 미술대회에서 최종 우승. ≪저작권 동향≫, 17. 한국저작권위원회.

https://www.copyright.or.kr/information-materials/trend/the-copyright/viewPress.do?brdctsno=51194

조남경(2024). 『미드저니 프롬프트 마스터 가이드』. 비엘북스.

Feng, Y., et al.(2023). Promptmagician: Interactive prompt engineering for text-to-image creation. *IEEE transactions on visualization and computer graphics*, 1(11). https://doi.org/10.1109/tvcg.2023.3327168

Liu, V., & Chilton, L. B.(2022). Design guidelines for prompt engineering text-to-image generative models. *In Proceedings of the 2022 CHI Conference on Human Factors in Computing Systems*, pp.1-23.

Pavlichenko, N., & Ustalov, D.(2023.6.1). Best prompts for text-to-image models and how to find them. arXiv.org. https://arxiv.org/abs/2209.11711

Sarah kuta.(2022.9.6). Art made with artificial intelligence wins at state fair. *Smithsonian magazine*, https://www.smithsonianmag.com/smart-news/artificial-intelligence-art-wins-colorado-state-fair-180980703/

05
이미지 생성형 AI 창작 경험

이미지 생성형 AI는 사용자의 프롬프트에 따라 이미지를 생성하는 텍스트 투 이미지, 기존 이미지를 입력해 새로운 이미지를 생성하는 이미지 투 이미지, 이미지의 특정 특성을 추출해 새로운 이미지를 생성하는 컨트롤 넷 등 다양한 방식으로 이미지를 생성한다. 여러 방식을 조합해 창의적인 작업을 수행할 수 있으며, 외부 프로그램을 활용해 다양한 표현이 가능하다. 이미지 생성형 AI는 다양한 방식의 결합과 활용으로 예술적 표현을 확장할 수 있다.

AI와 아이돌?

이미지 생성형 AI 생성 방식

이미지 생성형 AI를 사용하는 가장 대표적인 방식은 텍스트 투 이미지다. 텍스트 투 이미지 방식은 사용자의 텍스트 데이터, 즉 프롬프트를 입력하면, 그 입력에 따라 이미지를 생성한다. 초기 모델들은 높은 품질의 이미지를 얻기 위해 특별한 키워드를 입력해야 했지만, 모델이 발전하면서 특별한 키워드 없이도 높은 품질의 이미지를 얻을 수 있게 되었다. 현재 텍스트 투 이미지 방식을 사용할 때는 원하는 이미지에 대해 얼마나 잘 설명할 수 있는지가 가장 중요하다.

텍스트 투 이미지 방식 다음으로 사용자들에게 익숙한 방식은 이미지 투 이미지다. 모든 이미지 생성형 AI 모델이 텍스트 투 이미지 방식을 지원하지만, 이미지 투 이미지 방식은 지원하지 않는 모델도 있다. 그러나 대부분의 모델은 이미지 투 이미지 기능을 지원한다. 이 방식은 기존 이미지를 입력해 새로운 이미지를 생성하는 방식이다. 이미지 생성형 AI에서 기존의 이미지를 통해 새로운 이미지를 생성하는 방식을 사용할 때는 노이즈에 대한 개념을 이해하는 것이 중요하다. 입력한 이미지에 노이즈를 추가해 기존에 이미지에서 변형된 이미지를 생성한다. 이 과정에서 노이즈의 정도를 설정할 수 있다. 예를 들어, 빨간색 사과 그림을 입력해 새로운 이미지를 만든다고 가정하자. 노이즈의 정도를 0에서 100까지라고 할 때, 노이즈를 20정도 추가하면 여전히 그 그림이 빨간색 사과라는 것을 알 수 있다. 그러나 노이즈를 80 정도 추가하면 그림이 많이 변형되어 원래의 그림을 알아보기 어렵다. 이와 유사하게, 노이즈 값을 적게 설정하면 생성된 이미지가 이전의 이미지와 큰 차이가 없지만, 노이즈 값을 많이 설정하면 전혀 다른 이미지가 생성된다.

이미지 투 이미지 방식 외에도, 기존 이미지에서 사용자가 원하는 부분만을 선택해 새롭게 이미지를 생성하는 인페인트(Inpaint) 방식이 있다. 이 방식에서도 노이즈 개념이 유사하게 적용된다. 과거 이미지 생성 AI는 사람의 손을 잘 그리지 못했다. 손가락 숫자를 잘못 그리거나 뒤틀린 모양으로 손을 묘사했다. 이를 해결하기 위해 인프린트 방식을 적용할 수 있었다. 손 부분을 선택하고 노이즈를 중간 정도로 조절하면, 손 범위 내에서 형태가 새롭게 변경되어 손가락을 수정할 수 있다. 이외에도 사용자가 원하는 이미지 구성을 직접 지정하는 추가 이미지를 제공함으로써 더 세밀한 제어를 가능하는 컨트롤넷(ControlNet)이 있다. 컨트롤넷은 에지 맵(Edge maps),

깊이(Depth), 사람 자세 골격(Human pose skeletons) 등을 조건으로 이미지를 생성한다. 에지 맵은 이미지에서 경계선을 감지해 세부 사항을 강조한 이미지를, 깊이는 깊이 정보를 포함하는 정보를 사용해 입체감을 강조한 이미지를, 사람 자세 골격은 인간의 자세를 나타내는 골격 정보를 조건으로 사용해 특정 자세에 대한 이미지를 생성한다. 이미지 생성형 AI를 사용할 때는 한 가지 방식만을 사용하는 것보다 여러 방식을 조합해 사용자의 의도를 반영하고 창의적인 작업을 지속하는 것이 중요하다. 사람의 자세를 말로 설명하는 것은 어렵지만, 이미지에서 자세를 추출하면 프롬프트보다 사용자의 의도를 더욱 잘 전달할 수 있다.

이미지 생성형 AI 창작 경험

이미지 생성형 AI 사용자들에게 도움이 될 수 있는 창작 경험 세 가지를 소개한다. 첫 번째는 2023년 3월, 국내 최대 규모의 AI 코리아 커뮤니티에서 진행된 이미지 콘테스트 1회에서 수상했던 이미지 생성 과정이다. 당시 이미지 생성형 AI 모델은 프롬프트에 따라 정확하게 이미지를 생성하는 프롬프트 이해도가 낮았다. 생성할 이미지에 대한 설명이 구체적일수록 사용자의 의도와 생성한 이미지 사이의 차이는 벌어졌고, 생성되는 이미지의 품질 또한 낮았다. 이미지를 통해 표현하고 싶은 것이 있더라도 이미지 품질을 고려해 프롬프트를 간단하게 입력해야 했다. 이 문제를 해결하기 위해 구상한 전체 이미지를 세 부분으로 나누고 각각의 이미지를 편집 도구로 결합하는 방법을 사용했다. 나무 바닥에 붉은 페인트 자국이 있는 손, 하얀 캔버스에 그림을 그리고 있는 로봇, 어두운 방에서 오래된 컴퓨터를 사용하는 모습을 각각 생성했다. 다음으로 포토샵을 사용해 이미지를 순서대로 배치해 표현하고 싶었던 원래 이미지와 최대한 유사하게 만들었다. 개별 이미지를 합치면 그림체의 일관성이 낮아지게 되는데 노이즈 패턴의 이미지를 생성해 결합한 이미지 앞에 배치하고 투명도를 조절해 전체 이미지의 일관성을 높였다. 이미지 생성형 AI를 사용할 때 모델의 기능만으로 표현을 완성할 필요는 없다. 외부 프로그램을 사용해 이미지를 결합하면 생성한 이미지를 더 다양하게 활용하고 표현 범위를 넓힐 수 있다. 예를 들어, 고풍스러운 액자 이미지를 생성한 후 외부 프로그램을 사용해 액자 안에 이미지를 배치해 목업(mockup)처럼 사용할 수 있다.

두 번째는 추상 이미지 생성이다. 추상 이미지는 어떤

대상에 대해 생략이나 제거 또는 정리를 통해 표현된다. 프롬프트로 생성한 추상 이미지는 어떤 대상을 추상화하지 못한다. 추상화라는 단어를 통해 추상적인 이미지를 만들 수는 있지만 사용자의 의도를 반영한 추상 이미지를 만들 수는 없다. 다만 완벽하게 사용자의 의도를 반영한 추상 이미지를 생성할 수는 없지만 이미지 투 이미지 방식을 사용해 어느 정도 추상 이미지를 생성할 수 있다. 먼저 추상화할 대상 이미지를 생성한다. 예를 들어, 꽃병이 탁자 위에 올려져 있는 이미지를 생성한다. 생성한 이미지를 입력으로 사용해 많은 노이즈 값과 패턴에 대한 설명 또는 색상 등을 함께 입력한다. 이전에 생성한 이미지는 선과 형 등으로 추상된다. 꽃병에 담겨 있는 꽃은 도형으로 표현되고 탁자와 꽃병은 선으로 표현될 수 있다. 이렇게 생성된 이미지는 사용자의 의도를 최대한 반영한 추상 이미지일 것이다. 추상 이미지를 만드는 과정에서 적절한 모델 선택과 노이즈 정도를 조절하는 것이 중요하다.

세 번째 경험은 컨트롤넷을 사용해 이미지 표현의 범위를 넓히는 것이다. 외부 프로그램을 이용해 글자나 이미지를 의도에 맞게 배치한다. 에지 맵을 사용해 배치한 이미지의 경계선 정보를 조건으로 이미지를 새롭게 생성한다. 배치 과정에서 이미지의 공간감을 고려했다면, 깊이를 사용해서 깊이 정보를 반영해 이미지를 생성할 수 있다. 예를 들어, 생선 이미지를 생성한 뒤 다섯 등분해 각각 저장한다. 나누어진 부분의 외곽선을 추출해 각 부분을 다르게 생성함으로써 기존의 생선 이미지와는 전혀 다른 이미지를 출력한다. 새롭게 생성한 이미지를 다시 생선 모양으로, 혹은 새롭게 배치해 이미지를 완성할 수 있다. 프롬프트로 이미지에서 대상의 위치와 형태를 설명하는 데는 한계가 있다. 이를 해결하기 위해 생성할 이미지의 틀이 되는 이미지를 미리 만들어 조건으로 사용한다면 더욱 풍부한 표현으로 사용자의 의도를 정확하게 반영한 이미지를 만들 수 있을 것이다. 이미지 생성형 AI 모델에서 글자를 출력하는 것은 가능하지만, 한글 글자를 표현하는 것은 어렵다. 그러나 한글 글자를 배치한 이미지에 에지 맵을 사용해 외곽선을 추출한다면 생성되는 이미지에서 한글 글자를 출력하는 것이 가능하다. 이미지 생성형 AI를 사용해 창작할 때 텍스트 투 이미지, 이미지 투 이미지 등 한 가지 방식만을 사용할 이유는 없으며, 하나의 이미지만을 구상하고 생성할 필요도 없다. 생성형 AI를 도구로 하는 진정한 창작은 여러 사용 방식을 결합하고, 생성된 이미지 자체가 창작일까하고 생각하는 고정관념을 버렸을 때 완성될 수 있다.

참고문헌

권동현(2024). 이미지 생성 AI의 프롬프트 요소와 적용 사례 연구: 미드저니, 스테이블 디퓨전, 파이어플라이, 달·이를 중심으로. ≪디지털콘텐츠학회논문지≫, 25(2), 341-354쪽.

민주식(2010). 추상미술의 미학적 원리: 개념과 장르적 특성을 중심으로. ≪미술사학보≫, 34, 5-38쪽.

박설민(2023). AI는 왜 '손'만 못 그릴까? THE AI, https://www.newstheai.com/news/articleView.html?idxno=3812

Pavlichenko, N., & Ustalov, D.(2023.6.1). Best prompts for text-to-image models and how to find them. arXiv.org. https://arxiv.org/abs/2209.11711

Ramesh, A., et al.(2021, July). Zero-shot text-to-image generation. *In International conference on machine learning*, pp.8821-8831. PMLR.

Rombach, R., et al.(2022). High-resolution image synthesis with latent diffusion models. *In Proceedings of the IEEE/CVF conference on computer vision and pattern recognition*, pp.10684-10695.

Zhang, L., et al.(2023). Adding conditional control to text-to-image diffusion models. *In Proceedings of the IEEE/CVF International Conference on Computer Vision*, pp.3836-3847.

06
예술로서의 생성형 AI

생성형 AI 예술은 AI가 생성한 결과물을 예술로 인정하며, 프롬프트 입력을 통해 사용자의 창의력을 반영한다고 주장한다. 이를 통해 예술의 접근성과 민주화를 촉진하며, 인간과 AI의 협력으로 독창적 예술 작품을 만들어 낸다. 반면, 생성형 AI 예술은 AI가 인간의 감정과 복잡한 사고를 완전히 이해하지 못하며, 기존 데이터를 재조합하는 과정에서 편향성을 포함할 수 있다. 따라서 생성형 AI가 만들어 낸 결과물이 예술인지의 여부, 그리고 예술의 진정한 의미와 가치를 재고해야 한다.

AI와 야구?

생성형 AI 예술은 예술이다

생성형 AI가 만들어 낸 결과물을 활용하는 예술을 생성형 AI 예술이라고 한다. 생성형 AI 시스템이 점점 더 발전함에 따라 시각 예술, 콘셉트 아트, 음악, 소설, 문학, 비디오/애니메이션을 위한 높은 수준의 예술 미디어에 미치는 영향이 커져 가고 있다(Epstein, et al., 2023). 한국에서도 언어 생성형 AI 챗지피티와의 대화를 바탕으로 해서 만들어진 서적, 영상 생성형 AI를 활용해 만든 영화 등 생성형 AI를 활용한 예술 활동이 이뤄지고 있다. 생성형 AI가 만들어 낸 산출물을 과연 예술이라고 할 수 있을까? 생성형 AI 중 사용자의 요구에 따라 이미지를 생성하는 이미지 생성 AI를 중심으로 생성형 AI 예술이 예술인 이유와 순기능 측면을 살펴본다.

생성형 AI를 사용하는 가장 널리 알려진 방법은 사용자가 원하는 요구 사항, 프롬프트를 입력하는 것이다. 프롬프트에 따라 생성형 AI가 출력하는 결과물은 큰 차이를 보이고 원하는 결과물을 얻기 위해 입력을 미세 조정하기도 한다. 프롬프트는 사용자의 의도와 상상력을 잘 나타낸다. 자동차를 주제로 하는 두 개의 프롬프트 “도로를 달리는 자동차”와 “경치 좋은 산길을 달리는 세련되고 현대적인 자동차, 부드러운 선과 미니멀한 미학이 돋보이는 미래 지향적인 디자인, 웅장한 산과 맑고 푸른 하늘을 배경으로 해서 전체적으로 고요하고 아름다운 분위기를 더욱 돋보이게 한다"로 생성한 이미지는 자동차에 대한 이미지를 잘 표현하지만 인간이 창의적으로 기여한 정도는 전혀 다르다. 이러한 프롬프트 과정은 사진 촬영의 과정과 유사하다. 촬영한 결과물이 의도와 다를 경우 촬영자는 셔터스피트나 ISO 등을 조절해 다시 촬영하는 과정을 거치게 되는데, 이는 프롬프트를 통해 결과를 확인하는 과정과 크게 다르지 않기 때문이다(김윤명, 2024). 프롬프트 작성 과정은 단순한 텍스트 입력 이상의 의미를 가지며, 창의력, 사고력, 그리고 예술적 감각이 필요하다.

이미지 생성형 AI로 생성한 이미지가 가지는 스토리와 재해석은 단순한 이미지를 넘어서 깊은 의미와 맥락을 부여하는 핵심 요소가 될 수 있다. 생성된 이미지는 프롬프트를 통한 인간의 의도를 반영하는 것을 넘어, 내재된 스토리나 의미를 탐구하고 재해석하는 과정을 포함한다. 스토리와 재해석 과정은 개인의 경험, 문화적 배경, 감정 상태 등이 반영되는 개인화된 접근 방식을 필요로 한다. 예를 들어, "커피"라는 단어를 사용해 이미지를 만들 때, 단순히 커피 잔의 시각적 표현에 그치지 않고, 커피가 가지는 개인적 의미를 반영할 수 있다. 커피라는 단순한 음료가 아닌, 아침의 시작, 바쁜 하루의 버팀목 등 다양한 의미를 부여할 수 있다. 단순한 물체나 장면의 묘사를 넘어 그것들이 전달할 수 있는 이야기, 감정, 상징을 고민하고 이를 텍스트로 변환한다. 이는 인간의 사고와 감정이 담긴 예술 작품을 만드는 것이다. 생성형 AI 예술은 예술의 접근성을 증가시키고 예술의 민주화를 이끈다. 생성형 AI 기술은 기술적 또는 재료적 제약 없이도 많은 사람들이 자신의 아이디어를 시각적 형태로 구현할 수 있게 만들었다. 예술에 대한 전문 지식이나 복잡한 도구 없이도, 누구나 프롬프트를 통해 자신의 생각과 감정을 이미지로 변환할 수 있다. 이러한 변화는 다양한 사회적, 문화적 배경을 가진 사람들이 자신의 목소리를 예술적으로 표현할 수 있는 예술의 민주화를 촉진한다. 생성형 AI 예술은 인간과 기계의 상호 작용을 통해 이루어진다. 생성형 AI 예술은 기계가 독립적으로 작업하는 것이 아니라, 인간과 AI 간의 협력과 대화의 결과물이다. 예술가는 자신의 아이디어와 감정을 제공하며, 이를 AI가 해석해 시각적 형태로 변환한다. 생성형 AI 예술에서 AI는 붓과 물감의 역할을 넘어 예술 창작의 파트너로 기능한다. 이는 예술의 전통적인 정의와 틀을 넘어서는 새로운 형태의 예술적 표현을 가능하게 한다. 인간의 창조성과 기계의 처리 능력이 결합해, 전에 없던 독특하고 혁신적인 예술 작품이 탄생할 수 있다.

생성형 AI 예술은 예술이 아니다

생성형 AI 예술에 대해 예술이 아닌 이유와 역기능 측면에서 살펴본다. 프롬프트 생성을 생성형 AI 예술의 핵심이라고 말한다. 프롬프트는 인간만의 영역이며 이를 통해 창의력을 발휘한다. 그러나 생성형 AI를 활용해 프롬프트를 자동화하는 것이 가능하며 AI는 오랜 시간 프롬프트를 생성한 사람 수준의 프롬프트를 생성한다. 프롬프트는 더 이상 인간만의 고유한 영역이 아니다. 2023년 6월, 필자는 챗지피티를 활용해 가상 예술가의 스토리라인을 구축하고, 스토리 라인에 따른 프롬프트를 자동으로 생성하도록 했다. 필자가 한 역할은 가상의 예술가의 작품과 스토리를 선별하고 정리하는 것이었다. 가상의 작가 엔조 벨리니(Enzo Bellini)는 추상화한 형태와 구조를 탐구하는 것을 시작으로 자연과 인간, 그리고 그 둘 사이의 관계를 중심으로 작품을 펼친다. 야요이 구사마(Yayoi Kusama)의 무한한 반복, 아니시 카푸어(Anish Kappor)의 심오한 깊이와 반사, 그리고 마르크 샤갈

(Marc Chagall)의 꿈결 같은 색채에서 영감을 받았다. 엔조 벨리니가 만들어 낸 프롬프트와 이미지는 가상 작가의 의도를 굉장히 잘 반영한다(https://zrr.kr/wGRF).

프롬프트는 더 이상 생성형 AI 예술에서 가장 중요한 요소가 아니다. 생성형 AI를 사용해 생성되는 이미지는 인간의 감정과 사고를 표현하는 데 한계가 있다. 생성형 AI 예술 창작 과정에서 우리는 자유로운 표현과 개인적인 감정의 전달을 프롬프트에 포함한다. 그러나 생성형 AI는 자유롭고 개인의 복잡한 감정을 이해하지 못한다. 입력한 프롬프트에 따라 인간의 깊은 감정과 복잡한 사고를 좋은, 멋진 이미지로 만들어 줄 뿐이다. AI는 이제 우리의 문화와 삶과 행동에서 똑같이 중요한 역할을 하며 미적 창작과 미적 선택의 과정을 점점 더 자동화하고 있다(Manovich, 2018). 생성형 AI가 생성한 결과물에 스토리를 부여하는 것은 인위적이며, 예술 창작의 진정성을 훼손하는 행위가 될 수 있다. 생성형 AI가 생성하는 이미지의 픽셀 수와 프롬프트에 대한 인식의 한계는 오히려 개인의 창의력을 제한하게 될 수 있다. 생성형 AI는 데이터를 기반으로 이미지를 생성하지만, 이는 어디까지나 기존의 데이터를 재조합한 것이며 편향성을 포함한다. 예를 들어, 요리 활동 훈련 세트에 남성보다 여성이 나타날 가능성이 33% 이상 높으며, 훈련된 모델은 테스트 시 이 격차를 68%까지 증폭한다(Zhao, et al., 2017). 다양한 문화와 성별, 인종의 목소리를 대변하지도 못한다.

생성형 AI의 예술의 본질은 어디에 있는가? 인간의 창작 활동이 단순히 아름다운 결과물을 생산하는 것이라면, 그것은 창작 활동과 예술의 진정한 의미와 가치를 퇴행시키는 것이다. 생성형 AI 예술은 단순히 그것이 작품인가를 넘어 예술의 본질과 가치에 질문을 던진다. 프롬프트의 역할과 중요성, 생성형 AI가 만들어 낸 결과물 자체가 예술인지 재고해 볼 필요가 있다. 생성형 AI를 사용해 어떤 예술을 만들어 낼지, 생성형 AI가 만들어 낸 산출물에 대해 창작 기준을 평가하기보다 생성형 AI를 활용하는 것이 중요하다.

참고문헌

김윤명(2024). 생성형 AI 의 프롬프트 창작에 대한 저작권법적 고찰. ≪저스티스≫, 200, 261-297쪽.

Browne, K.(2022). Who (or what) is an AI artist? *Leonardo*, 55(2), pp.130-134.

Epstein, Z., et al.(2023). Art and the science of generative AI: A deeper dive. *arXiv preprint*, arXiv:2306.04141.

Manovich, L.(2018). *AI aesthetics.* Moscow: Strelka press.
Zhao, J., et al.(2017). Men also like shopping: Reducing gender bias amplification using corpus-level constraints. *arXiv preprint*, arXiv:1707.09457.

07
프롬프트의 잠재력과 한계

루트비히 비트겐슈타인의 그림 이론은 언어가 세계를 '그림'처럼 나타낸다고 주장하며, 언어와 현실 사이의 구조적 유사성을 강조한다. 생성형 AI 프롬프트는 언어를 사용해 특정 아이디어나 개념을 표현하고, AI는 이를 시각적 이미지로 변환한다. 그러나 비트겐슈타인의 후기 철학인 언어 게임 이론에 따르면 언어의 의미는 맥락에 따라 변한다. 생성형 AI는 맥락적 의미를 완전히 이해하지 못하고, 인간의 창의성과 감정을 온전히 반영하지 못한다. AI가 생성한 이미지는 인간의 깊이 있는 해석과 차이가 있으며, 예술로 인정받는 데 한계가 있다.

AI와 윤동주?

프롬프트의 잠재력

루트비히 비트겐슈타인은 그의 초기 저작인『논리 철학 논고(Tractatus Logico-Philosophicus)』에서 그림 이론을 제시했다. 그림 이론은 비트겐슈타인의 철학적 방법론에서 매우 중요한 위치에 있는 이론이다. 아주 간단히 말해서 비트겐슈타인은 사실에 대한 언어의 기술을 'word-picture'로 본다. 즉, 사실은 하나의 그림이다. 그것은 단지 장차 기호 언어(sign-language)로 그려질 그림일 뿐이다. 우리가 어떤 기술(description)을 보면서 세계를 이해하는 것은 마치 우리가 페루지노의 〈마리아의 혼약〉을 보며 그 실제의 결혼을 보는 것과 같다(조중걸, 2017). 이 이론은 사물과 그것을 나타내는 언어 사이의 관계를 중심으로 한다. 비트겐슈타인은 언어가 세계를 '그림'처럼 나타낸다고 주장했으며, 이는 언어가 현실을 매핑하거나 모델링한다는 개념이다.

그의 이론은 언어와 현실 사이의 구조적 유사성에 초점을 맞추며, 이를 통해 언어가 의미를 가지게 된다고 설명한다. 그림 이론은 언어가 현실 세계를 '그림'처럼 반영한다고 주장한다. 이는 언어의 각 요소가 현실 세계의 특정한 요소와 대응 관계에 있다는 것을 의미한다. 예를 들어, '나무'라는 단어는 실제 나무를 지칭하며, 이 단어를 사용함으로써 우리는 나무라는 현실 세계의 객체에 대해 생각하고, 이를 다른 사람과 공유할 수 있다. 언어는 현실을 묘사하는 주요한 도구로 사용된다. 우리가 경험하는 세계와 그 안의 사물, 사건들을 언어적으로 재현하고 설명할 수 있다. 이를 통해, 언어는 우리의 경험을 구조화하고, 현실에 대한 우리의 이해를 형성하는 중요한 역할을 한다. 언어는 현실을 단순히 반영하는 것 이상으로, 우리가 현실을 어떻게 인식하고 해석하는지에 대한 표현 수단이기도 하다. 우리는 언어를 통해 자신의 생각, 감정, 의도를 표현하며, 이러한 표현은 우리가 경험하는 세계에 대한 개인적인 해석을 반영한다. 그림 이론은 언어가 우리의 사고방식에 깊이 영향을 미친다고 본다.

우리가 사용하는 언어는 우리가 세계를 어떻게 인식하고 이해하는지에 큰 영향을 미친다. 언어는 우리의 사고를 형성하고, 우리가 세계를 경험하는 방식을 구조화한다. 그림 이론은 언어가 단순히 의사소통의 수단을 넘어, 우리의 인식과 현실을 구조화하는 중요한 도구임을 강조한다. 언어는 우리가 세계를 이해하고 표현하는 방식에 근본적인 역할을 하며, 이는 우리가 언어를 통해 현실을 해석하고 경험하는 방식을 형성하는 데 중요한 영향을 미친다. 이 이론을 현대의 생성형 AI 프롬프트에 적용해 본다면, 우리는 언어가 단순한 의사소통의 도구를 넘어서 현실을 표현하고 재현하는 데 얼마나 중요한 역할을 하는지를 더 깊이 이해할 수 있다. 이미지 생성형 AI 프롬프트는 언어를 사용해 특정 아이디어나 개념을 표현하며, 이러한 언어적 표현은 실제로 시각적 이미지로 변환된다. 예를 들어, "파란 여름 하늘 아래 햇살 가득한 푸른 잔디밭에 회색 줄무늬 고양이 한 마리가 앉아 있다. 고양이의 호기심 가득한 초록색 눈동자 옆에는 노란 민들레가 피어 있다. 고양이의 앞발은 공놀이를 하듯 작은 나무 막대를 장난스럽게 휘두르고 있다"와 같은 프롬프트는 AI에 의해 구체적이고 생생한 이미지로 재현될 수 있다. 이 과정에서 생성형 AI는 비트겐슈타인이 강조한 언어와 현실 사이의 복잡한 상호 작용을 시각적으로 구현하는 역할을 한다. AI가 생성하는 이미지는 단순히 물리적 현실을 복제하는 것이 아니라, 인간의 창의성과 상상력을 시각화한다. 이는 우리가 언어를 통해 현실을 인식하고 해석하는 방식을 확장하고, 더욱 풍부하게 만든다. 나아가, 생성형 AI는 언어의 한계를 넘어서 우리의 경험과 감정을 표현할 수 있다. 인간이 경험할 수 없거나 언어로 표현하기 어려운 감정과 상황들도 AI를 통해 시각적으로 표현할 수 있다. AI가 생성하는 이미지는 단순한 기술적 실현을 넘어서, 인간의 사고와 감정, 그리고 현실에 대한 해석을 제공한다. 우리가 세계를 어떻게 인식하고 이해하는지, 그리고 언어가 이 과정에서 어떤 역할을 하는지에 대한 근본적인 질문들을 제기한다. 결국, 비트겐슈타인의 그림 이론을 통해 우리는 언어와 현실의 상호 작용이 단순히 인간의 영역에 국한되지 않으며, AI와 같은 기술적 수단을 통해서도 이루어질 수 있다는 것을 이해할 수 있다. 이는 인공지능 기술이 우리의 언어, 사고, 예술에 어떻게 영향을 미치고 이를 확장할 수 있는지에 대한 새로운 비전을 제시한다.

프롬프트의 한계

익히 알려져 있듯이 비트겐슈타인의 철학은 크게 전기와 후기로 나누어진다. 전기 철학의 결정판이 『논리 철학 논고』라면, 후기 철학은 바로 『철학적 탐구』에 집약되어 있다(신상규, 2004). 이 이론은 언어의 의미가 고정되어 있지 않고 사용하는 맥락에 따라 변화한다는 것을 강조한다. 언어 게임은 언어 사용의 다양한 형태를 지칭하는데, 이는 말하기, 질문하기, 명령하기, 농담하기 등 다양한 사회적 상황과 활동을 포함한다. 각 언어 게임은 특정한 규칙과 목적을 가지며, 이 규칙과 목적은 문화적, 사회적 맥락에 따라 달라질 수 있다. 비트겐슈타인의 초기 작업인 『논리 철학 논고』에서는 그림 이론이 중심이었다. 그는 언어가 세계를 '그림화'한다고 주장하며, 이를 통해 언어와 현실 사이의 구조적 유사성을 강조했다. 하지만 후기 작업인 『철학적 탐구』에서 그의 관점은 변화했다. 여기서 그는 언어의 의미가 사용하는 맥락에 따라 달라진다는 언어 게임 이론을 제시한다.

언어 게임 이론에 따르면 언어의 의미는 사용하는 맥락에 따라 변화한다. 예를 들어, "불이야!"라는 말은 소방관 훈련에서는 연습 신호일 수 있고, 극장에서는 실제 위험을 알리는 비상 상황일 수 있다. 이처럼 동일한 표현이나 단어도 그것이 사용되는 상황에 따라 전혀 다른 의미를 가질 수 있다. 언어는 인간이 상호 작용하는 과정에서 의미를 생성하고 공유한다. 이 과정에서 언어는 단순한 의사소통 수단이 아니라, 사람들이 서로 영향을 주고받으며 의미를 형성하는 도구가 된다. 언어의 의미는 해당 문화권의 역사, 전통, 가치관을 반영하며, 이러한 배경은 언어의 해석에 중요한 역할을 한다. 같은 단어나 문장도 다른 문화권에서는 전혀 다른 의미를 가질 수 있다.

언어는 단순히 현실을 반영하는 거울이 아니라, 인간

이 현실을 경험하고 해석하는 방식을 형성하는 중요한 도구다. 이러한 관점에서, 언어는 인간의 생각과 감정, 문화적 배경, 사회적 상호 작용을 반영하는 복잡하고 다층적인 현상으로 이해할 수 있다. 그러나 생성형 AI, 특히 프롬프트를 기반으로 하는 AI는 이러한 인간 언어의 복잡성과 유연성을 완전히 포착하기 어렵다. AI는 프롬프트 해석 시, 학습한 데이터와 알고리즘의 영향을 크게 받는다. 이는 AI가 프롬프트를 인간처럼 유연하게 해석하지 못하고, 정해진 패턴에 따라 해석하는 경향이 있음을 의미한다. 결과적으로, AI에 의해 생성된 결과는 프롬프트가 가진 잠재적인 다양한 해석과 의미의 깊이를 완전히 해석하지 못할 수 있다. 그림 이론에서는 언어의 가능성이 보이지만, 언어 게임 이론에서는 언어의 한계가 드러난다. 이러한 변화는 언어 이해의 깊이와 다양성을 인정하는 것이다. 이와 유사하게, 프롬프트와 생성된 이미지 간의 연관성은 제한적일 수 있다. 프롬프트에 인간의 창의적인 생각이 담겨 있더라도, AI가 생성한 이미지가 그 생각을 완전하고 정확하게 반영하는 것은 어렵다. AI가 생성한 이미지는 인간의 개별적인 경험, 감정, 창의성을 완전히 담아내지 못할 수 있으며, 이는 예술이 지닌 현실 반영과 개인적 표현의 깊이와는 다를 수 있다.

여기서 생성형 AI가 만들어 낸 이미지를 예술로 간주하는 것에 대한 의문이 제기된다.

참고문헌

신상규(2004), 『비트겐슈타인 『철학적 탐구』』, 서울대학교 철학사상연구소.

조중걸(2017). 『비트겐슈타인 논고 해제』. 북핀.

Wittgenstein, L.(1921). Logisch-philosophische abhandlung. *Annalen der Naturphilosophie*, 14, pp.185-262. 김양순 옮김(2016). 『논리철학논고 / 철학탐구 / 반철학적 단장』. 동서문화사.

08
이미지 생성형 AI 창작물의 예술적 가치

생성형 AI 산출물은 저작권 등록이 불가능하지만, 선택과 배열 과정이 창작으로 인정될 수 있다. 뒤샹의 〈샘〉처럼 AI 예술에서도 선택은 중요한 창작 요소다. 그러나 AI는 학습 데이터에 기반해 안전한 선택을 하므로 혁신적인 도전에 한계가 있다. AI 예술은 인간 예술가의 창의적 도전과 다르다. 뒤샹의 〈샘〉과 AI 예술에서의 '선택'의 차이에 대해 선정적인 이미지를 예시로 비교한다. AI 예술의 정의와 윤리적 경계에 대한 논의가 필요하다.

AI와 한의학?

생성형 AI 산출물에 대한 선택

생성형 AI 산출물 자체는 저작권 등록이 불가하다. 2024년 1월 생성형 AI를 활용해 만든 영화 〈AI 수로 부인〉 또한 영화 자체에 대한 저작권이 아닌 이미지 등을 선택하고 배열한 것에 대한 편집 저작물로 등록됐다. 이러한 사례는 AI가 생성한 여러 산출물 중에서 선택하고 배열하는 과정이 창작의 중요한 요소임을 보여 준다. 대부분의 이미지 생성 AI가 하나의 명령에 4장을 생성하도록 구성된 것도 선택의 폭을 넓혀 주기 위함이다. 앞으로 작가와 생성 AI의 협업에는 이러한 선택의 과정이 중요할 것이며 연구자는 선행 연구에서 이 과정에 의미를 더해 '창의 선택'이라 정의했다(권동현, 2024). 마르셀 뒤샹의 '예술은 선택'이라는 개념을 AI 영화 제작에 적용함으로써 AI가 만든 수많은 텍스트와 이미지, 영상들 중에서의 선별적인 결정은 창조적 예술 작업의 본질을 드러낸다(박현진, 2023).

그러나 생성형 AI가 생성한 산출물 중 하나를 선택하는 과정이 정말로 인간의 창의성을 반영하는지는 의문이다. 뒤샹의 〈샘〉은 현대 예술사에서 획기적인 전환점을 제시한 작품이다. 단순히 일상적인 물체인 소변기를 예술의 영역으로 끌어들인 것을 넘어, 예술의 본질과 정의에 대한 근본적인 질문을 던진 것이다. 그는 일상적인 생활용품을 택해 그것에 새로운 명칭과 새로운 관점을 부여하고, 그것이 원래 지니고 있는 실용적 가치를 상실하는 장소에 그것을 갖다 놓았다. 결국 그는 이 오브제로 새로운 개념을 창조해 낸 것이다(이지은, 2013). 뒤샹의 〈샘〉은 단순하게 물체를 선택하는 것이 아닌 기존의 규범, 기준, 그리고 미학적 가치들에 대한 도전이자, 예술의 범위와 가능성을 확장하는 시도다. 또한 예술이라는 개념이 얼마나 주관적이고 유동적일 수 있는지를 보여주었으며, 예술계 내에서 새로운 논쟁과 토론을 일으켰다. 생성형 AI 창작 과정은 사용자의 선택을 통해 의미가 확정되는 것처럼 보인다. 그러나 이러한 선택은 생성형 AI의 알고리즘과 학습 데이터에 의존한다. 이미지 생성 기술은 학습 데이터에서 도출된 미적 기준을 반영하며, 사회적으로 수용 가능하고, 사용자의 비위를 거스르지 않는 이미지를 생성한다. 예를 들어, 똥이 묻은 변기와 같은 불쾌할 수 있는 주제에 대해, 이미지를 생성하지 못하거나 미적으로 수용 가능한 방식으로 주제를 표현한다.

AI가 생성하는 예술 작품은 그것이 학습한 데이터 세트의 범위 내에서만 존재할 수 있으며, 이는 대개 기존의 미학과 문화적 기준을 반영하는 것이다. 생성형 AI의 산출물 자체는 창의적이고 혁신적인 예술적 표현을 생성하는 데 제한을 가진다. 따라서 AI 예술은 기존의 예술적 경계를 넘어서는 뒤샹의 〈샘〉과 같은 근본적인 도전을 하는 데에 한계가 있다. AI는 주로 학습한 데이터에 기반해 안전한 미학적 선택을 하게 되며, 이는 예술의 전통적인 정의와 경계에 도전했던 뒤샹의 작업과는 대조적이다. 결론적으로, 생성형 AI의 산출물을 예술로 하는 생성형 AI 예술과 인간 예술가들의 작업 사이에는 본질적인 차이가 존재한다. 인간 예술가들은 자신의 창의력, 경험, 그리고 사회적, 문화적 맥락을 바탕으로 예술 작품을 창작하며, 기존의 규범과 기준에 도전하는 작품을 만들어 낸다. 반면, 생성형 AI 예술은 그것을 구현하는 기술과 학습 데이터의 범위 내에서만 존재할 수 있으며, 이는 AI 예술이 뒤샹의 〈샘〉과 같은 '선택'을 하지 못한다는 것을 의미한다. 생성형 AI 예술에서는 사람들을 진정으로 불쾌하게 할 수 있는 변기 이미지를 선택할 수 없다.

마르셀 뒤샹의 선택

생성형 AI 기술의 발전으로 인해 예술에 대한 문턱이 낮아졌다. 특별한 기술이 없는 일반인들도 자신의 감정이나 생각을 생성형 AI를 통해 이미지나 영상으로 표현할 수 있다. 생성형 AI가 만들어 낸 이미지를 직접 전시하는 작가 활동, 생성형 AI를 활용한 이미지 공모전 등 일반인들의 생성형 AI를 사용한 예술적인 활동 사례가 늘어나고 있다. 그러나 'AI아트(AI Art)'라는 단어를 네이버, 구글, 유튜브 등에 검색하면 생성형 AI를 통해 생성한 선정적인 여성의 이미지를 찾아볼 수 있다. 일반인들 또는 AI 아티스트들이 만든 다른 형태의 예술 작품이나 전시보다 선정적인 여성의 이미지가 더 많은 인기를 끌고 있다. AI 아트라는 단어는 주로 선정적인 이미지를 검색하기 위한 키워드일지도 모른다. AI 아티스트들과 사회는 이 문제에 대해 아직까지 별다른 관심을 가지지 않는 것으로 보인다. 이에 필자는 직접 포르노 AI 이미지를 만들어 보이며 이에 대한 질문을 던지고자 한다.

이미지 생성 모델 중 개인의 컴퓨터에 설치해 사용할 수 있는 스테이블 디퓨전을 사용해 이미지를 생성했다. "여성의 누드, 아름다운"을 프롬프트로 사용하고 이미지 구성에 대한 추가 이미지를 제공해 조건으로 사용하는 컨트롤넷을 사용했다. 추가 이미지로는 에두아르 마네(Edouard Manet)의 〈올랭피아(Olympia)〉 이미지를 입력했다. 생성된 이 이미지의 제목은 〈현대 비너스

(Moderno Venere)〉이며, 현대 여성의 아름다움을 보여 준다. 생성된 이미지들 중 가장 아름다운 이미지 '선택' 과정을 거쳤다. 이 이미지는 AI를 사용한 윤리를 벗어난 포르노인가, 아니면 AI 예술의 하나의 작품인가? 포르노와 작품을 판별하기에 앞서 〈우르비노의 비너스(Venere di Urbino)〉와 〈올랭피아〉에 대해 설명한다. 〈우르비노의 비너스〉는 르네상스 시대의 대표적인 화가 티치아노 베첼리오(Tiziano Vecellio)가 1538년에 그린 작품이다. 그림은 여신의 나체를 주제로 한 것으로, 고전적인 미의 표준과 티치아노의 섬세한 색채 사용과 명암 대비를 통해 생동감과 세련된 아름다움, 이상적인 여성상과 아름다움을 보여 준다. 마네의 〈올랭피아〉는 1863년 그려진 작품이다. 그림은 여성의 나체를 주제로 한 것으로, 19세기 프랑스 예술계에 큰 파장을 일으켰다. 주류 아카데미의 회화에서 나체는 신화나 역사 속 사건이라는 전제 아래에서만 그려야 하는 것으로, 신화의 여성이라는 허용 조건에 따라 살롱과 같은 공공의 공간에서 나체 여성의 그림을 전시하는 것이 가능했다. 신화라는 의상이 박탈되고 이상적인 회화에서 벗어난 리얼리즘 표현은 당시의 회화 문법에서 크게 벗어난 것이었고 그 결과 입선한 후에도 크게 스캔들이 일게 되었던 것이다(정하미,

2017). 마네의 작품은 사회적 규범과 성적 표현에 대한 도전으로 여겨졌으며, 예술이 지닌 사회적, 문화적 역할에 대해 강력한 메시지를 전달했다. 필자가 제시하는 〈현대 비너스〉는 마네가 티치아노의 〈우르비노의 비너스〉의 구도를 차용해 〈올랭피아〉를 그린 것처럼, 마네의 〈올랭피아〉의 구도를 차용해 만들었다. 필자는 이미지를 '선택'함으로써 AI 예술의 정의와 윤리적 경계에 대한 질문을 던진다. 이러한 '선택'은 생성형 AI가 생성한 이미지의 '선택'보다 뒤샹의 〈샘〉이 가진 근본적인 도전과 탐구의 정신과 유사하다. 뒤샹은 소변기를 예술 작품으로 선택함으로써 예술이 될 수 있는 것에 대해 근본적인 질문을 제기했다. 필자는, 선정적인 AI 이미지를 선택함으로써 AI 예술의 정의와 경계, 그리고 그것이 사회적, 문화적 맥락에서 어떻게 해석될 수 있는지에 대한 질문을 제기하고자 한다.

참고문헌

권동현(2024). 이미지 생성 AI의 프롬프트 요소와 적용 사례 연구: 미드저니, 스테이블 디퓨전, 파이어플라이, 달·이를 중심으로. ≪디지털콘텐츠학회논문지≫, 25(2), 341-354쪽,

김진희(2024.2.23). 한국 최초 AI 아트 커뮤니티, AI 아티스트 클럽, '제6회 단체전' 마련. 파이낸스투데이,

https://www.fntoday.co.kr/news/articleView.html?idxno=314737

박현진(2023). [AI 이슈] 생성 인공지능으로 만든 세계 첫 영화 'AI 수로부인' 그 제작은? 인공지능신문, https://www.aitimes.kr/news/articleView.html?idxno=29423

안충기(2024.6.18). G밸리아트쇼 'AI는 나의 친구' 개막 'AI와 회화의 결합'. ≪중앙일보≫, https://www.joongang.co.kr/article/25257207

이지은(2013). Marcel Duchamp의 레디메이드 〈샘〉의 부정성(否定性)에 대한 무위(無爲)적 해석. ≪동양예술≫, 23, 327-352쪽.

장세민(2024). 국내 생성 AI 영화 '저작권 첫 인정'...세계 2번째 사례. AI타임스, https://www.aitimes.com/news/articleView.html?idxno=156286

정하미(2017). 오리엔탈리즘회화와 그 일본적 변용 – 마네의 〈올랭피아〉와 그 오마주. ≪일본근대학연구≫, 56, 267-283쪽.

한국저작권위원회(2023). 생성형 AI 저작권 안내서. https://www.copyright.or.kr/information-materials/publication/research-report/view.do?brdctsno=52591

한국저작권위원회(2024). [보도설명 자료] '국내 생성 AI 영화 저작권 첫 인정 세계 2번째 사례' 일부 보도 사실관계 설명. https://www.copyright.or.kr/notify/press-release/view.do?brdctsno=52575

Zhao, J., et al.(2017). Men also like shopping: Reducing gender bias amplification using corpus-level constraints. *arXiv preprint*, arXiv:1707.09457.

09
이미지 생성형 AI 작품들

생성형 AI를 활용한 작품에 대한 저작권 등록 경험을 공유한다. 생성형 AI 산출물에 대한 저작권 등록은 수정과 배치 등의 인간의 기여를 인정하는 편집 저작물로만 등록 가능하다. 산출물과 활용에 대한 저작권의 경계가 모호한 상황이다. 편집 저작물로 등록한 생성형 AI를 도구로 만든 작품 〈부(符)〉, 〈젠 휴먼(Gen Human) V1〉, 〈사진(고양이)〉, 〈가족 추상〉을 소개하고 작업 과정을 설명한다.

AI와 화장품?

생성형 AI 저작권 등록

필자는 2022년 말부터 이미지 생성형 AI를 사용해 다양한 이미지를 생성하며, 생성형 AI 산출물 자체의 예술이 아닌, 생성형 AI를 사용해 표현하고 싶은 의도를 자유롭게 사용하는 예술에 대해 고민하고 있다. 어떠한 표현 행위에도 인간의 창작적 기여가 있었다고 볼 수 없는 AI 산출물에 대한 저작권 등록은 불가하다. 저작권 등록은 인간의 사상 또는 감정이 표현된 창작물에 대해서만 가능하다(한국저작권위원회, 2023). 2024년 1월 한국저작권위원회 AI 산출물의 저작권 등록 가능 여부에 따라 생성형 AI를 도구로 만들어 낸 작품에 대한 저작권 등록을 진행했다. 총 네 개 작품의 등록을 진행했으며, 일반적으로 저작권 등록에 평균 일주일 정도 소요되지만, 필자의 경우 약 2개월이 걸렸다. 처음에는 예술 저작물로 등록을 신청했으나, 결국 편집 저작물로 등록되었다. 처음 예술 저작물로 저작권 등록을 진행할 때는 작품의 사상과 의미를 중점으로 내용을 작성했다. 저작권 등록을 시도할 때 편집 저작물 등록에 대한 사항은 고려하지 않았다. 생성형 AI 산출물과 완성된 작품은 시각적으로 전혀 달랐고, 한 개의 이미지가 편집 저작물로 인정받기 어렵다고 판단했다. 등록을 신청한 후 약 한 달 뒤, 저작권위원회로부터 생성형 AI 산출물은 저작권 등록이 불가능하다는 연락을 받았다. 사상과 감정 표현을 강조했지만 받아들여지지 않았고, 결국 등록이 가능한 편집 저작물로 등록을 진행했다. 편집 저작물 등록 시, 저작권위원회가 제시한 개요, AI 산출물 부분, 인간이 창작한 부분을 따랐다. 저작권 등록을 위해 연락을 주고받는 과정에서 생성형 AI로 출력한 결과물을 사람이 따라 그리면 저작권 등록이 가능한지 문의했으나, AI 산출물을 기반으로 어느 정도 다르게 그리면 가능하다는 모호한 답변을 받았다. 생성형 AI 저작권은 산출물 자체뿐만 아니라 활용 결과물에 대한 경계도 모호하다.

생성형 AI를 도구로 만든 작품 〈부(符)〉 소개

전통적인 부적의 형태에서 영감을 받아 만든 작품이다. 밝고 대조적인 노란색 배경 위에 붉은색으로 강렬하게 그려진 문자와 상징들은 시작과 끝, 그리고 돈과 권력, 인간과 AI의 복잡한 관계를 나타낸다. 돼지의 이미지는 풍요와 번영을 상징하면서도 현대 사회에서의 탐욕과 소비를 비판적으로 바라본다. 손의 형상은 인간의 창조성과 AI가 만들어 낼 미래 사이의 상호 작용을 시사한다. 각각의 문자와 상징은 이미지 생성형 AI를 이용해 생성

그림 1
〈부(符)〉 QR 코드

한 것이며, 포토샵을 이용해 생성된 문자와 상징을 수정하고 각자의 자리에 배치해 완성했다. AI가 가져올 미래에 대한 기대와 동시에 걱정을 표현하며 AI와 인간이 함께 만들어 갈 세상에 대한 질문을 담고 있다.

개요: 작품 창작을 위한 초기 준비 과정을 다룬다. 작품의 구체적인 아이디어와 비전을 스케치해 시각화한다. 스케치는 작품의 기본 구조와 레이아웃을 정의하고 작품의 전체적인 조화와 구성 요소 간의 상호 작용 방식에 대한 사전 계획을 포함한다.

AI 산출물 부분: AI 기술을 활용해 강렬한 색상과 질감이 특징인 이미지를 생성한다.

인간이 창작한 부분: 생성된 이미지 중에서 스케치와 일치하는 요소를 가진 이미지들을 선별했다. AI로부터 얻은 이미지들을 최종 작품과 조화롭게 맞추는 과정을 진행한다. AI 산출물 중에서 선별한 이미지들을 스케치

와 일치하도록 하기 위해 불필요한 배경을 제거하고, 작품의 전체적인 조화를 해치지 않도록 세부적인 부분을 수정한다. 이후 수정한 결과물을 기존 스케치 이미지에 맞춰 조화롭게 배열해 최종 작품을 완성한다.

생성형 AI를 도구로 만든 작품 〈젠 휴먼(Gen Human) V1〉 소개

미래의 인공지능이 관람자로, 작품을 인간과는 다른 방식으로 해석하고 즐길 가능성으로부터 제작되었다. 생성형 AI를 이용해 만들어진 이미지들을 분할하고, 분할된 이미지를 재배치, 투명도를 조정함으로써 새로운 이미지를 구상한다. 네 개의 층으로 이루어진 레이어 사이에 신경망을 연상시키는 점선을 배치해 작업 과정에 대한 추론과 AI의 작업 방식을 모방한 인간의 새로운 콘텐츠 생성을 시각화한다. 형편없는 이미지 조합 과정을 본 인공지능 관람자는 웃을지도 모른다.

그림 2
〈젠 휴먼(Gen Human) V1〉 QR 코드

개요: 이미지의 분할 방식과 강조할 부분을 세심하게 고려하는 과정에서 시작되었다. 이미지 재구성에 사용할 효과들과 창의적 요소의 디자인 및 패턴을 결정하는 데 중점을 두었다.

AI 산출물 부분: AI를 사용해 물감의 질감을 살린 추상적 이미지를 생성한다.

인간이 창작한 부분: 생성한 이미지 중 감정과 에너지를 가장 잘 표현한 이미지를 선별한다. 초기 구상에 기반한 이미지를 여러 레이어로 나누고 배열하는 작업을 수행한다. 각 레이어의 위치, 크기, 각도를 조절하고, 투명도를 조정해 이미지들 간의 상호 작용과 레이어 간의 관계를 세심히 조율한다. 계획 그래픽 요소들을 추가해 이미지에 깊이를 부여하고 작품에 대한 해석을 유도한다.

생성형 AI를 도구로 만든 작품 〈사진(고양이)〉 소개

AI가 생성한 장면이 '진짜'로 변모하는 과정을 통해 현실과 가상, 원본과 복제의 경계를 흐리게 만든다. 현실과 가상이 점점 구분되지 않는 현상을 시각적으로 표현한다. 고양이 이미지는 우리가 경험하는 현실과 가상의 경계가 모호해진 세계에서, 기술과 예술이 만들어 낸 새로

그림 3
〈사진(고양이)〉 QR 코드

운 형식의 진정성을 이야기한다. AI에 의해 생성된 이미지는 촬영과 포토샵을 통한 후처리로 '현실'의 영역으로 끌어들여지며, 이 과정은 우리가 진짜와 가짜, 원본과 복제를 구분하는 방식에 대한 의문을 제기한다. 기술의 발전이 우리의 인식과 예술에 대한 이해를 어떻게 변화시킬지 질문을 던진다. 촬영 과정에서 모아레(Moiré) 현상을 이용해 찍은 사진은 우리가 '진짜'라고 인식하는 것이 얼마나 쉽게 기술에 의해 조작될 수 있는지를 보여 준다. AI가 생성한 고양이 사진 이미지가 단순한 복제를 넘어서 실제와 가상을 연결하는 새로운 형태를 창조할 수 있다.

개요: 작품은 모아레 현상을 이용해 현실과 가상, 원본과 복제 사이의 경계를 흐리는 것을 목표로 한다. 휴대폰 카메라로 생성형 AI 이미지를 모아레 현상을 이용해 촬영한다. 생성형 AI 원본 이미지와 포토샵으로 후처리

한 모아레 현상 사진을 결합해, 현실과 가상의 경계를 모호하게 하는 예술적 표현을 추구한다.

AI 산출물 부분: AI를 이용해 중심이 되는 고양이 얼굴 이미지를 생성한다.

인간이 창작한 부분: AI로 생성된 이미지를 모니터에 전시한 후 휴대폰 카메라로 촬영해 모아레 현상을 활용한다. 촬영한 사진을 포토샵을 통해 색상, 대비 등 후처리한다. 생성형 AI 원본 이미지와 후처리 이미지를 배열해 완성한다.

생성형 AI를 도구로 만든 작품 〈가족 추상〉 소개

현대 사회에서 점차 희미해지는 가족의 가치와 의미를 탐색한다. 생성형 AI를 사용해 붓질 형태의 이미지를 제작한 후, 색상 이미지와 결합해 포토샵에서 여러 조각의 팔레트를 만든다. 이 팔레트의 조각들을 감각적으로 자유롭게 배치하며 가족이라는 주제를 추상적으로 표현하는 시도다. 메탈릭한 질감과 푸른 계열의 색상을 사용해 쓸쓸함과 우울함을 전달하고, 동시에 차가우면서 밝은 아이러니를 드러낸다. 이미지 조각들은 현대 가족의 파편화한 현실과, 기억 속에서 서서히 사라지는 가족의 모

그림 4
〈가족 추상〉 QR 코드

습을 상징한다. 우리가 공유하는 공통된 가치의 변화에 대해 생각해 본다.

개요: AI를 사용해 두 가지 유형의 이미지를 생성하고 조합한다. 작업 과정에서 소재의 선택과 배열, 그리고 구성 방법에서 각 요소가 조화롭게 의도한 메시지를 전달하는 데 중점을 둔다.

AI 산출물 부분: 이미지 생성 모델 중 미드저니와 달리3를 사용해 붓질 이미지와 색상 이미지를 생성한다.

인간이 창작한 부분: 생성된 이미지 중 감각적이고 자유로운 느낌의 붓질 형태의 이미지, 표현에 어울리는 색상 이미지를 선택한다. 생성된 AI 이미지를 포토샵을 이용해 변형하고 조합해, 조각 팔레트를 만든다. 팔레트를 자유롭게 작품에 배치해 마무리한다.

참고문헌

김윤명(2024). 생성형 AI 의 프롬프트 창작에 대한 저작권법적 고찰. ≪저스티스≫, 200, 261-297쪽.

한국저작권위원회(2023). 생성형 AI 저작권 안내서. https://www.copyright.or.kr/information-materials/publication/research-report/view.do?brdctsno=52591

10
이미지 생성형 AI 예술의 발전

생성형 AI 예술은 AI 기술의 발전으로 창작자와 일반인 간의 경계를 모호하게 하며, 다양한 예술적 표현과 창작 활동에 참여할 기회를 제공한다. 현재 생성형 AI 예술은 프롬프트를 통해 사용자의 의도를 반영한 결과물을 생성한다. 그러나 AI가 인간의 감정과 사고를 제대로 이해하지 못하고 편향적인 결과물을 생성할 수 있다는 점에서, 생성형 AI 산출물에 대한 예술 논의는 생성형 AI 사용을 자제하거나 혹은 생성형 AI 또는 그 산출물을 새로운 창작 도구로 활용할 것인지 모색하는 단계로 넘어가야 한다.

종교와 AI?

생성형 AI 예술

2022년 챗지피티 출시와 미국 콜로라도 주립 박람회에서 주최한 미술 대회 등 생성형 AI 기술의 등장과 사건은 AI에 대한 대중의 많은 관심을 불러일으켰다. 기술의 발전으로 많은 사람들이 자신의 아이디어를 현실에서 표현할 수 있게 되었다. 이로 인해 창작자와 일반인 사이의 경계가 모호해지고, 생성형 AI를 사용한 창작 활동 참여 기회도 증가했다. 생성형 AI로 만든 이미지를 전시하거나, 여러 단체에서 개최하는 생성형 AI 공모전에 참여하는 방식이 대표적이다. 한국 AI 작가 협회, AI 아티스트 클럽 등 생성형 AI를 사용한 창작 활동을 전문적으로 지원하는 단체들의 활동도 더욱 활발해지고 있다. 기술의 발전으로 누구나 쉽게 예술 작품 수준의 이미지를 생성할 수 있게 되었다. 프롬프트를 통해 사용자의 창의력을 반영하며, 이를 통해 새로운 예술적 표현을 시도한다. AI 아티스트들은 AI가 생성한 결과물을 예술로 인정하고, 프롬프트 입력 등을 통해 사용자의 창의력을 반영한다고 주장하며, 인간과 AI의 협력을 통해 예술 작품을 만든다. 그러나 AI가 인간의 감정과 복잡한 사고를 완전히 이해하지 못하며, 기존 데이터를 재조합하는 과정에서 편향성을 포함할 수 있다는 점도 유의해야 한다. 따라서 필자는 생성형 AI 산출물에 대한 창작의 의도에 따라 창작 인정 여부를 고민하는 것이 아닌, 생성형 AI 자체 또는 그 산출물을 어떻게 활용해 새로운 창작 도구로 활용할 것인지 모색하는 단계로 넘어가야 한다고 생각한다. 다음 단계의 생성형 AI 예술은 세 가지 측면으로 볼 수 있다. 첫째, 생성형 AI 결과물 자체는 예술 작품이 될 수 없다. 결과물 자체가 예술 작품이라면, 그것은 결과물에 의미가 있는 것이 아닌 아이디어 자체에 의미가 있는 개념 미술의 형태와 같은 특별한 맥락에서만 가능하다. 산출물이 단순한 시각적 표현을 넘어 철학적, 사회적 메시지를 담고 있어야 하는 것이다. 둘째, AI가 생성한 이미지는 단순한 기호의 역할을 한다. "남성"이라는 프롬프트를 사용해 생성한 이미지가 아무리 멋지게 보여도 그것은 단순한 "남성"의 기호일 뿐 의미는 없다. 인간은 기호를 사용해 창의적인 표현 기술을 통해 예술 작품을 완성한다. 셋째, 생성한 결과물은 다양한 예술 요소와 결합해 새로운 해석을 이끌어 내는 수단이 될 수 있다. 사용자의 요청에 대한 결과를 넘어, 관객에게 다양한 감정과 사고를 자극하는 매개체로 기능할 수 있다. 생성형 AI 결과물의 예술성, 창작 여부에서 벗어나 생성형 AI를 어떻게 예술적으로 해석하고 활용할 것인지에 대한 심층적인 논의는 예술의 미래와 그 방향성을 모색하는 데 중요한 역할을 할 것이다. 창의성과 기술의 상호작용을 통해 새로운 예술 분야를 만들 수 있다.

다음 단계의 생성형 AI 예술(AI Different_Circle)

일반적으로 이미지 생성형 AI 산출물 자체가 작품으로 사용된다. 그러나 작품의 의미는 결과물이 아닌 아이디어에 있을 것이다. AI Different_Circle 작업에서 사람이 그리기 쉬운 원을 AI에게 그리게 하기 위해서는 작업에 비해 상당히 긴 프롬프트를 입력해야 했다. 이미지 생성 AI가 복잡한 미학적 요소를 가진 이미지를 만드는 것은 능숙하지만, 가장 기본적이고 본질적인 형태를 표현하는 데는 한계가 있음을 보여 주는 작업이다.

하얀 종이 위에 원을 그리는 일에 대해

사람: “원을 그려 보세요.”

AI(미드저니): “Empty circle, one black line circle, simple line, center, white background , minimalism --v 5.0”(빈 원, 하나의 검은 선 원, 단순한 선, 중앙, 흰색 배

그림 5
〈AI Different_Circle〉
QR 코드

경, 미니멀리즘 —버전 5).

사람: "파워포인트를 이용해 5cm 원을 그려 보세요."
AI(미드저니): ….

작업 과정: Prompt: Empty circle, one black line circle, simple line, center, white background, minimalism —v 5.0.

이미지 생성을 반복 후 동그라미가 잘 그려진 이미지를 선택한다.

다음 단계의 생성형 AI 예술(ㄲ)

라캉은 "기표가 기의에 닿지 못하고 계속 미끄러진다"고 말했다(이동성, 2008). 이를 바탕으로 예술의 새로운 방향성을 찾아간다. AI가 생성한 이미지는 단순한 기표

그림 6
〈ㄲ〉 QR 코드

(signifier)로 시작해 자체적으로는 의미의 완전성인 기의(signified)에 도달하지 못한다. 이 작품에서 AI가 만든 이미지는 반복적인 문자 배열에 가려짐을 통해 형태적인 아름다움과 기호적 의미 사이의 경계에 위치한다. 문자 배열은 인간의 심미적 기대와 동시에 그 기대를 해체하는 역할을 한다. 전체적인 구성은 절제된 색상과 글자의 정렬을 통해 질서와 혼돈, 구조와 해체 사이의 미묘한 대비를 나타낸다. 멀리서 볼 때, 문자들은 해바라기의 형태로 조화롭게 배열된 것처럼 보이며, 이는 자연의 특정한 꽃을 상징화하는 전통적인 이미지와 연결된다. 그러나 관람자가 가까이 다가가면, 각 글자는 단순한 기표로서의 기능을 강조하며, 관람자로 하여금 그 너머의 의미를 탐구하게 만든다. 관람자는 이미지를 통해 자신만의 아름다움을 완전성을 찾아가도록 유도한다.

작업 과정: 미드저니로 이미지를 생성한다. 생성한 이

미지 위에 터치디자이너(TouchDesigner) 프로그램을 사용해 만든 노이즈 이미지를 올리고 투명도를 조절한다. 문자 배열 이미지를 만들어 노이즈와 이미지 생성 AI 사이에 레이어한다. 세 개의 이미지의 투명도를 적절하게 조절해 이미지를 완성한다.

다음 단계의 생성형 AI 예술(빨강 해체 2024-02-24)

작품은 "자동 기술법"의 원칙을 적용해, 이성이나 합리성의 통제를 벗어나 무의식적으로 손이 움직이는 대로 이미지에 대해 기술했다.

떠오르다 만 태양, 커튼 뒤에 가려진 유랑 극단원, 넷플릭스 시작 화면, 너무 삶은 계란, 빨간 기타 줄, 빨간색 유륜, 무릎의 찰과상, 피로 물든 지그재그 계단, 파란색 왕국의 점령, 파란색 스파이, □□, 눈 내리는 마을의 저녁, 대각선으로 흐르는 온천 강, □, 굽은 길 마을, 인사하는 문어 외계인, 맹수가 할퀸 자국, 케첩에 쓰러진 비엔나, 신났던 음악, 내 친구 윌슨, 쓰면 터지는 왕관, 빨강 초콜릿, 검정 · 빨강 · 검정, 가방에 넣어 둔 학 종이, 도망처, 커다란 ●●, #1, 버섯구름, 빨강에 핀 곰팡이, 노

그림 7
〈빨강 해체 2024-02-24〉
QR 코드

릇하게 익은 파리채, 구두 발자국, 빨간 나무에 핀 아지랑이, 사이에 끼인 엘리베이터, 이상한 있어 보이는 빨강, 발로 치는 박수, 감은 눈이 움직임, 깨진 사탕 조각, 익다 만 빨간 사과, 붙어 있는 빨간 엉덩이 2, 바람이 분다, 불기둥, 레이저 빔, 지글지글 짝짝, 수박씨 가지런히, 실밥 뜯어진 스웨터, 타고 있는 병아리, 튤립 3, 뭉개진 계란, 원숭이 엉덩이, 도깨비 2, 계란 프라이, 다마곳치, 바나나, □, 지글주글지글, 호랑이 송곳, 삽겹살, 그냥 빨강, 지문 꾹, 3 · 2 · 1, 집중, 몰라, 길 건너, 찌리찌리, 터프한, 코털, 많은 선, 두부, 쿵 투투, 핸드백, 베이컨, 벌집, 저울, 도망, 곰 발자국, #, 퉁두두두퉁, 혈소판, 뱃살 훌라, 텀블러, 눈물 흘리는 악마, 탭댄스, 등짝, 딱밤, ~_~_, ...요약

빨강 해체는 빨간색과 관련한 이미지를 생성하고 무의식적으로 빨간색에 대한 이미지와 개념을 반복적으로

해체하는 과정을 통해, 우리가 일상에서 마주치는 색채와 형태의 기존 해석을 탈피하고자 한다. 우리의 무의식과 직관에 더 가까이 다가가려는 시도다.

작업 과정: 스테이블 디퓨전을 사용해 빨간색 이미지를 200번 반복적으로 생성하고 이미지가 생성될 때마다 손이 움직이는 대로 기술한다. 빨간색 이미지의 투명도를 2% 로설정하고 계속해서 쌓았다.

참고문헌

김진희(2024.2.23). 한국 최초 AI 아트 커뮤니티, AI 아티스트 클럽, '제6회 단체전' 마련. 파이낸스투데이, https://www.fntoday.co.kr/news/articleView.html?idxno=314737

김윤명(2024). 생성형 AI 의 프롬프트 창작에 대한 저작권법적 고찰. ≪저스티스≫, 200, 261-297쪽.

임성원(2023.10.4). AI 모델로 'MZ세대 저격'...ABL생명, 배너광고 공개. 디지털타임스, https://www.dt.co.kr/contents.html?article_no=2023100402109963084005

서명수(2024.3.15). 한국기독AI작가협회, 아트불 갤러리 후원으로 AI ART '미인전' 특별전 개최. ≪중앙일보≫, https://www.joongang.co.kr/article/25235511#home

이동성(2008). 포스트모더니즘 문화이론의 철학적 기반. ≪동서언론≫, 11, 215-235쪽.

임대준(2024.1.22.). '미드저니'로 디자인한 드레스 판매…"AI는 도구에 불과". AI타임스, https://www.aitimes.com/news/articleView.html?idxno=156682

한국저작권위원회(2023). 생성형 AI 저작권 안내서. https://www.copyright.or.kr/information-materials/publication/research-report/view.do?brdctsno=52591

Epstein, Z., et al.(2023). Art and the science of generative AI: A deeper dive. *arXiv preprint*, arXiv:2306.04141.

Manovich, L.(2018). *AI aesthetics*. Moscow: Strelka press.

Zhao, J., et al.(2017). Men also like shopping: Reducing gender bias amplification using corpus-level constraints. *arXiv preprint*, arXiv:1707.09457.

강보현

국제인공지능윤리협회의 생성형AI프롬프트 연구소 소장이다. Renault Korea AI Storytelling Contest, Chat-GPT를 활용한 AI 그림 그리기 대회 심사, 중앙대학교 생성형 AI 활용 중앙인 그리기 경진 대회 등 생성형 AI 이미지 대회에 심사 위원으로 참여했다. AI Korea Community에서 지속적인 온라인 무료 강의를 통해 일반인들의 AI 리터러시 교육을 위해 노력하고 있다. 중앙대학교, 경북대학교, 한국언론진흥재단 등에서 이미지 생성형 AI에 대한 강의를 진행했다. 행정안전부 어린이 안전 경진 대회 추진 운영 위원회 민간 전문가로 참가했다.